"法哲学与法理论口袋书系列"译丛

雷 磊 ‖ 主编

法理论有什么用？

［德］马蒂亚斯·耶施泰特／著

（*Matthias Jestaedt*）

———— 雷 磊◎译 ————

DAS MAG IN DER THEORIE

Richting Sein...

中国政法大学出版社

2017·北京

法理论有什么用?

Das mag in der Theorie richtig sein...
Vom Nutzen der Rechtstheorie
für die Rechtspraxis
by Matthias Jestaedt

Copyright © 2006 Mohr Siebeck Tübingen
Originally published by Mohr Siebeck
GmbH & Co. KG Tübingen

版权登记号：图字 01-2017-7701 号

丛书总序

　　"法理学"（Jurisprudenz, jurisprudence）之名总是会令初学者望而生畏。因为无论是作为法的一般哲学理论的"法哲学"（Rechtsphilosophie, legal philosophy），抑或是作为法的一般法学理论的"法理论"（Rechtstheorie, legal theory），虽从地位上看属于法学的基础学科分支，但却往往需要有相当之具体专业知识的积累。在西方法律院校，通常只在高年级开设法哲学和/或法理论课程，法理学家一般情况下也兼为某一部门法领域的专家。有关法的一般性理论研究的专著往往体系宏大、旁征博引，同时也文辞冗赘、晦涩艰深。同时，这些论著大多以具备相关专业知识之法学专业人士为假定受众，非有经年之功无法得窥其门径与奥妙。

中国的法学教育模式与西方相比有很大不同。由于历史和现实的原因，法理学被列为法学专业必修课程的第一门，在大学一年级第一学期开设。统编教材罗列法学基本概念和基本原理，只见概念不见问题、只见枯死的材料不见鲜活的意义，往往使得尚未接触任何部门法知识的新生望而却步，乃至望而生厌。尽管有的法学院亦在三年级开设了相关课程，且内容以讲授西方前沿理论为主，却又使得许多学生"不明觉厉"、畏葸不前。除去授课的因素之外，其中很大的一个原因在于，虽然目前大陆学术市场已有为数不少以法哲学和法理论为主题的专著和译著，其中也有不少属于开宗立派之作或某一传统中的扛鼎之作，但却缺乏适合本科生群体的微言大义式、通览或概述式的参考读物。有鉴于此，"法哲学与法理论口袋书系列"译丛以法学初学者为受众，以推广法哲学和法理论的基本问题意识、理论进路和学术脉络为目标，拟从当代西方法哲学与法理论论著中选取篇幅简短的系列小书，俾使法理学更好地担当起"启蒙"和"反思"的双重功能。

德国哲人雅斯贝尔斯（Jaspers）尝言，哲学并不是给予，它只能唤醒。这套小书的主旨也并不在于灌输抽象教条、传授定见真理，而是希望在前人既有思考的基础上唤醒读者自身的问题意识、促发进一步的反省和共思。

雷 磊

2017 年 2 月 20 日

中文版序 [*]

　　眼前的这本书来自另一个时代、事实与文化背景。十几年前，我在埃尔朗根－纽伦堡大学首执教鞭，这部书即是对当时演讲内容的整理和总结。书中法理论对于法实践之作用的思索，是我作为一名德国法学学者，从2005—2006年间的德国法学这一语境出发并针对这一语境而得出。故而书中的提问、区分、举例和证明均

[*] 本中文版序由德国弗赖堡大学国家与法哲学研究所博士生陆洋译。

无不体现出这一语境的独特性。简言之，这本书必须要被放到其特定的语境中去阅读和理解。将此书的内容翻译为另一种语言——例如从德语翻译为中文——意味着对语境的改变（和深化）。

但我仍衷心希望，书中所提出的问题和我所给出的答案，在新形式和新语境中也能被理解、被批判性地检验。盖因书中所讨论的，乃是一切法理论都必须面对的、某种意义上超越时空的挑战。我的回答即概括为，好的理论应该保证或是能够保证实践不至于轻信和满足于那些不充分的和仓促得出的理论建议。为此要付出的代价则是，无论是在法理论还是在司法实践中，都不存在那种简单的、终极性的真理。因为严肃的理论从不会否认潜在不确定性的存在，理论本身亦是在不确定性中被提出的。

马蒂亚斯·耶施泰特
2017 年 10 月于弗赖堡

前　言

　　本书是一本驳斥法学中反理论倾向的论战性著作。书中的想法是在我于 2005 年 6 月 3 日在弗里德里希·亚历山大·埃尔朗根－纽伦堡大学（Friedrich–Alexander–Universität Erlangen–Nürnberg）所发表的就职演讲的基础上形成的，这次演讲的题目为"这在理论上可能是正确的……：论法理论思考的实践作用"*。我在许多

---

　　* 修改成书时，标题略有改动，可直译为"这在理论上可能是正确的……：论法理论对于法律实践

地方都对文本进行了补充和补强论证。虽然这并没有增加文本的优雅与流畅，却但愿能增加其厚重与说服力。为了不从根本上改变演讲的风格，我将很多内容放在了"半明半暗"的脚注中来处理，所以它们起到的不止是证明正文出处的作用。由此，对于人名、证明和细节并不感冒的读者也可以在阅读时不受其扰。尽管不得不承认很多脚注确实十分庞杂，但有很多内容依然是作了简单化处理的，大量的例子并没有被采纳，许多讨论也只是被简略地提及。这是因为，这种打断正文的方式虽然有利于基础学科的研究，但却不应当丧失其作为——既言简意赅又切中肯綮的——论战性著作的性质。

我要特别感谢莫尔·西贝克出版社（Verlag Mohr Siebeck）慷慨出版本书。

马蒂亚斯·耶施泰特
2005 年 10 月于乌滕罗伊特

的作用"。该标题仿自康德发表于 1793 年的论文标题"论俗语：这在理论上可能是正确的，但不适用于实践"。中译本意译为"法理论有什么用?"——译者注

目录
CONTENTS

《法理论有什么用？》导读

雷磊

一

　　法理学（无论是法理论还是法哲学）在今日之中国似乎已陷入了一种"内忧外患"之中。所谓"外患"，说的是法理学在整个法学学科体系中先导地位的丧失。"先导"并不意味着压制其他法学学科（部门法学科），而是指在学术范式、价值取向和话题上的引导性。这种引导性曾经突出地显现在 20 世纪 80 年代至 90 年代初的中国法学界，"法治与人治""权利本位与义务本位"的大讨论并不局限于法理学界，而是波及整个法学者群体。在当时法理学者对于中国法学和法治可以说起到的是披荆斩棘的开创之功。可是，当中国的法律体系和制度框架基本搭建好之后，"深挖专业槽"的口号被提出，专业分化的程度大大加深，部门法学者们着力于本专业的术语体系和教义学知识的构造，同时也开始有意无意地抵制包括法理学在内的"外部知识"的侵蚀。[1]所以更准确地说，今日或许存在民法学界、刑法学界、行政法学界等，却难言存在"一个法学界"了。当然，近来有宪法学者意图承担起整合宪法学和其他部门法学的任务，以"合宪性控制"为基础还原出一个在价值上融通宪法和各部门法的法律（学）体系，唯独在这幅图景中缺席了法理学。与"外患"并行的是"内忧"。相比于部门法学，今日之法理学共识更少，甚至可以说除了"法理学"这个名称和大学中的岗位，可能两个自称为法理学者的人之间几乎没有任何共同的语言，也各自拥有完全不同的知识前见。尤其是新生代的学者已经进入了明显的阵营分化的阶段，诸如（并非严格依据学术逻辑的划分）规范法学、法律与社会科学（法社会学、法经济学、法人类学等）、法律与认知科学、历史法学、社会理论法学、自然法学、分析的马克思主义法学等，不一而足。内部纷争的同时也同样弱化了

---

[1] 当然，我不否认这种部门法学"专业化"和"教义化"过程本身的意义。相反，我认为法学要得以成熟，专业化和教义化是不可避免的，也是其基础。只是各个部门法教义学要成为一个整体，成为"一般法学说"，法理学同样是必不可少的。

对外的影响，提供不了统一的范式和知识自然无法引导部门法，反而会令后者手足无措。

内忧和外患造成的恶性循环就造成了对于法理学的两种批评意见，即"实践的无用性"和"知识的冗余性"。[2]前一个指的是法理学对于法实践没有用，后一个指的是法理学的知识与部门法的知识重合，由于部门法更贴近于实践，所以法理学的知识就是冗余的。[3]这两个问题其实是相通的（尽管不完全一样）：法理学知识之所以被认为冗余，而部门法知识之所以显得比法理学有用，就是因为后者与实践具有直接的关联性。所以根本上的问题就可以被归纳为，法理学对于法实践没有用。这个问题很重要，因为今日之共识在于，法学属于一门实践性学科（实践科学）。如果法理学不能说明自己对于实践的有用性，那么不仅自身的重要性会受到质疑，而且它能不能仍被作为法学的组成部分来对待也会被怀疑。因此，我们可以看到的现象就是，法理学除了在法学院被作为必修课程，在法律职业资格考试中被

---

〔2〕 参见陈景辉：《法理论为什么是重要的——法学的知识框架及法理学在其中的位置》，载《法学》2014年第3期。

〔3〕 有时法理学的知识更会造成学生的困惑。比如大凡法理学和民法的教材中都会说"法律行为"这个概念（即便两者并不完全一致但也有重合的部分），而法理学教材往往没有民法教材讲得透彻，甚至有的法理学教材中的观点与民法教材是冲突的。

作为必考科目外，学生们对它兴趣寥寥。法理学的教师们也不得不通过讲段子、练嗓子来吸引学生的关注，从而诞生了"故事法理学""诗歌法理学"……

无独有偶，法理学在法治和法学发达的西欧国家似乎同样找不到自己的位置，并且问题看上去似乎更严重。例如在德国，很多法学院并没有将法理学（法哲学）作为必修的课程。这是因为德国的法学教育完全是以国家考试（德国的法律职业资格考试）为导向的，而各个州的考试条例中都没有将法理学（法哲学）列为必考科目。德国大学的授课也基本上是围绕法条和案例来进行的，法理学（法哲学）的相关课程只是针对高年级的选修课。德国的大学并没有单独的法理学（法哲学）教席，[4]法哲学通常是与其他部门法学合在一起作为一个教席的名字，如公法与法哲学教席，民法、民事诉讼法与法哲学教席，端视教席执掌者尤其是第一代教席执掌者的专业。德国没有纯粹的法理学者，他们一般都通晓至少一门部门法。并且据我的观察，近年来德国法理学颇有委顿的趋势。与法哲学相关教席的执掌者纷纷着力于与教席相关的部门法的研究，或者由部门法研究顺带关注法哲学问题，而鲜有法哲

---

〔4〕 除了个别大学设有"法哲学与社会哲学"教席外。

学领域本身的较大突破。对于欧盟的制度、指令，欧洲法院和欧洲人权法院判例的关注成为研讨和教学的重点。这造成了法理学的双重困境：法理学似乎不论在教学中，还是在研究活动中都是无价值的。这里面的一个重要原因就是：法理论看上去对于法实践没有用。借用德国哲学家康德《论俗语》一书的副标题来说，那就是，"这在理论上可能是正确的，但不适用于实践"。我们可以将这种认为法理论无助于实践的主张笼统地称为"反（法）理论倾向"。面对诸多反理论倾向，德国弗莱堡大学法学院公法与法理论教席教授马蒂亚斯·耶施泰特（Matthias Jestaedt）奋起应战，力陈法理论对于法实践的作用。

二

耶施泰特教授出生于 1961 年，1981—1985 年就读于波恩大学，1986 年、1992 年分别通过第一次和第二次国家考试。1992 年取得波恩大学博士学位，论文为《民主原则和共同管理：民主宪法原则检视下私人对公共行政的参与决策》。1999 年在波恩大学获得教授资格，资格论文为《制定法中的基本权的开展：法律获取理论与基本权利教义学的相互依存研究》（代表作）。他于 1999—2002 年分别在波恩、科隆、波鸿、弗莱堡、纽伦堡大学担任教席代理教师，在曼海姆和格赖夫斯瓦尔德大学担任代课教师。2002 年开始担任埃尔朗根-纽伦堡大学公法学教席教授（隶属于国家法与行政法研究所），同年至今担任维也纳大学凯尔森研究所理事会成员。2003—2010 年和奥利弗·兰普希乌斯（Oliver Lepsius）教授共同举办"弗兰肯跨学科论坛"（IFF，该论坛倡导法学学科内部领域的整合，以回应社会科学对法学的冲击，认为强调法学与其他社会科学进行跨学科研究只会产生更多问题而非解决问题，重点应该回归法学本身，完善自我理论应对客观变化及需要）。2006 年至今担任《法律人报》（Juristen Zeitung）杂志编委会成员。2011 年至今担任弗莱堡大学公法和法理论教席教授，同年开始担任弗莱堡大学教会法和国家教会法研究中心主任，2012 年至今担任德国科学基金会成员。2014—2016 年担任法学院院长，2015 年至今担任德国国家法学者协会执委。耶施泰特研究兴趣广泛，涉及宪法学（宪法教义学、宪法史、宪法理论、比较宪法）、法理论和法律科学理论、欧盟法、国家教会法、一般行政法、儿童和青少年救助法等。截至 2016 年 1 月，著有专著 7 部，编著（合编）十余部，（合作）主编丛书两套 ["法-科学-理论：立场与争议"(已出版 12 本专著)、"公法原理系列"
(已出版 4 本专著)],发表论文一百一十余篇,另
有若干书评和其他文章。[5]2007 年,耶施泰特开始
主编《凯尔森文集》,迄今为止已出版 5 卷(6 本),
工作仍在进行中。

　　《法理论有什么用?》是作者当年在埃尔朗根-纽
伦堡大学所发表的就职演讲的基础上形成的,成书
时标题略有改动(见"前言")。这是一本不好读的
书,虽然它的篇幅并不长(比本系列丛书中的《法
哲学导论》和《法是什么?》都要来得短)。这种
"不好读"首先就体现在作者的语言风格上。本书虽
然是在演讲的基础上改成的,但却没有多少口语化
的风格。在成书时,作者还增添上了许多长脚注,
为的是"增加其厚重与说服力",这当然会更加有碍
于"文本的优雅与流畅"。所以,对于初学者而言,
也可以跳过这些脚注而不受其干扰,只有对于论证
的细节感兴趣的研究者才需要去看它们。另外,作
者可能是为了讲演的需要,也运用了不少比喻性的
修辞,这给译者增加了困难,也给准确理解他的想

─────────

　　[5]　在我的视野范围内,耶施泰特教授目前被译成中文的仅有一
文:[德]马蒂亚斯·耶施泰特(译为"马提亚斯·耶施德特"):《法
律中的科学──科学比较中的法教义学》,张小丹译,载李昊、明辉主
编:《北航法律评论》,法律出版社 2015 年版[本文原载于 Juristen
Zeitung 69 (2014),S.1~52]。

法造成了一定的障碍。其次，"不好读"还体现在，它的行文和论证带有浓郁的"德国式节俭"，在很多地方只是点到为止，但往往这些点的背后可能有一整套理论传统。所以，本书虽然篇幅不长，实际涉及的知识点并不少。当然，对于我们来说，不需要去把握方方面面的旁枝末节，而只要牢牢抓住本书的主线即可。

按照作者本人的话来说，这是一本"论战性著作"。论战就得有论战的对手或对象，而本书的论战对象自然就是上面提到的"反理论倾向"。作者在第一部分就处理了这些反理论倾向并予以了初步的回应。接下来作者并没有直接去回答"法理论对于法实践有什么用"这个问题，而是花很大的力气处理了两个前提性问题：一个问题是，"理论"和"实践"分别是什么意思（第二部分）？法理论属于"理论"的范畴，而法实践属于"实践"的范畴，所以首先就得弄清楚法学中的"理论"和"实践"的确切含义是什么。如果不明白它们的内涵，那么谈论两者的关系就是没有意义的。甚或我认为法理论对法实践有用，你认为没有用，到头来却发现我们所谈的根本就不是一回事，这样的交锋就是鸡同鸭讲。另一个问题是，法理论的内容和性质是什么（第三部分）？换言之，什么是法理论？法理论是一门什么样的学科?只有弄清楚了这个问题,才能更有针对性地为法理论进行辩护,这也是当然之理。此外,作者还顺带处理了法理论的内容之间的混淆问题(第四部分)。接下来,经过前面的大量铺垫之后,作者终于回到了正题,而沿着这样的思路走下来,法理论对于实践的意义也就明确了(第五部分)。最后,作者略谈了一下法律人的多元角色和法理论的弯道效益(效用的间接性)问题(第六、七部分)。这就是本书大体的思路。

三

反理论倾向并非来自于某一个阵营,而是一种(用耶施泰特的比喻来说)"多声部的合奏"。它主要包括八种对法理论的质疑。为了直观起见,我们可以将它们的代表和基本主张(态度)用下列表格的形式展现出来:

阵 营	代 表	基本主张(态度)
实用主义者	霍姆斯、科英	法实践是决定性的,法律和法学都以裁判为中心,因此法理论是不重要的。
现实主义者	司法实证主义	法理论只是对法律实践的学术复述。

续表

阵 营	代 表	基本主张（态度）
理论虚无主义者	基尔希曼	理论性的法学不是科学，对于现实和民众的生活毫无影响。
理论逃逸者	德莱尔笔下的一些教义学者和实务工作者	他们对理论知识感到不快，因为他们无法容忍别人对自己的思想进行分析性反思（"活体解剖"）。
无政府主义者	费耶阿本德	反对（法律）方法（论），因而反对法理论。
启蒙者	克里斯滕森	（法律）方法（论）的理论与实践之间存在无法弥补的裂缝，主流方法论掩饰而非真诚地反映了实践。
美学家	萨维尼、歌德	法律的解释与适用是一门技艺，规则化的解释理论（方法论）没有什么实践价值。
拒绝反思者	拉德布鲁赫	健康的学科建立在富于创造的直觉而非理性反思的基础上，明确意识到自身方法的学科通常是有病的学科。

　　八种声音的合奏汇聚成了这样一种批评的论调：法理论是象牙塔里的事物。法理论家埋头于书斋，却对社会没有什么影响。但是，当代的精神是一种社会功利主义精神（想一想申报科研课题时必填的一项是"研究主题的社会效益"就明白了），所以法理论必须为自己的实践效益辩护。那么，如何面对

这八种声音,从而为法理论正名呢?打眼看上去可以考虑的思路有两条:一条是对八种声音逐一加以检视和反驳,先破后立;另一条是通过分析揭示出这八种声音相互之间的矛盾,从而看能否火中取栗,为法理论赢得生机。但耶施泰特并没有走这两条路中的任何一条,相反,他走的是第三条,也是更为直接的道路,即直接揭明法理论是什么及其对于实践的作用。为什么?因为在作者看来,即便这些对法理论的批评中任何一个都有一定的合理性,也无法对法理论的必要性进行根本质疑。

而在此之前,作者通过三个方面初步回答了理论之必要性问题:其一,只要法学是一门科学,而科学性依赖于方法论反思,理论就是必要的;其二,理论对实践的作用过小不是因为理论太多,而是因为理论太少,理论不够好;其三,每个人都有自己的哲学,每个法律人都有自己的法理论(无论是否意识到这一点),区别只在于持有的是哪种法理论而已。结论是,我们根本就无法对理论进行彻底的怀疑,至多只能持怀疑论,而怀疑论同样是一种理论的形态。所以,理论是我们的宿命。

四

法理论对于法实践的作用涉及法理论与法实践的（单向）关系，而法理论与法实践的关系又是理论与实践的一般性关系的独特变种。其独特性在于，"法理论"所包含的范围要比宽泛意义上的法学（理论）更窄。一般来说，我们会将法律适用活动视为法实践，而将与此相对的理解和反思性活动称为法学（理论）。按照德国传统区分，法学可分为法教义学与基础研究两部分，而基础研究又可分为法哲学、法社会学、法律史学。今天，基础研究的名单还可以加上法经济学、法人类学等，它是开放性的。至于法理论及其与法哲学之间的关系，则存在争议。有学者将法理论作为法哲学的组成部分，[6]有学者将法哲学视为法理论的组成部分，[7]不一而足，这当然是由于各该学者对于法理论和法哲学内涵之理解的不同。耶施泰特并没有论及两者的关系。但无论如何，法理论被归入基础研究的部分是没有疑问的。所以，

---

〔6〕 参见〔德〕迪特玛尔·冯·德尔·普佛尔滕:《法哲学导论》，雷磊译，中国政法大学出版社 2017 年版，第 45 页。

〔7〕 Vgl. Bernd Rüthers, Christian Fischer, Axel Birk, *Rechtstheorie mit Juristischer Methodenlehre*, 8. Aufl. , 2015, S. VII.

在法学（理论）中，被归入基础研究的法理论与法教义学是相对立的不同部分。前者无法穷极"理论"的内涵，因为法教义学当然也是"理论"。法律（学）方法论中的"法律（学）"指的就是法教义学，所以法律（学）方法论就是法教义学的方法论，后者是以前者为基础的。或许因此之故，作者在后文中一直将法律方法论与法教义学并置，将它们与法理论相对。可见，法理论-法实践和理论-实践两对范畴在分界上是不同的。

在法学领域，无论是理论还是实践都可作双重理解。就理论而言，无论是上述（狭义上的）法理论还是法教义学/法律方法论都可以被叫做理论。但两者的区别在于：①法理论对于法律获取[8]的过程持的是一种外部的观察者立场，而法教义学/法律方法论持的是一种内部的参与者立场。怎么区分这两种立场？德国法哲学家罗伯特·阿列克西（Robert

〔8〕 法律获取是德国法理论中的一个特定概念，包括法律适用与法律发现两个部分。在传统观点中，法律适用是将制定法简单适用于案件的活动，即单纯的涵摄；而法律发现属于例外情况，即对于待决案件不存在制定法的规定，但又必须进行裁判时去寻找裁判依据的活动。后来的诠释学者，如阿图尔·考夫曼（Arthur Kaufmann），虽然否认适用和发现的决然二分，而认为它们的区别只是个程度性的问题，但同样不反对将法律获取作为它们的上位概念。（参见［德］阿图尔·考夫曼：《法律获取的程序——一种理性分析》，雷磊译，中国政法大学出版社2015年版，第25~27页。）

Alexy) 曾在他的《法概念与法效力》一书中作出了经典表述:"凡是在某个法律体系中参与关于'什么是在这个法律体系中被要求、禁止、允许与授权者'的论证者,他采取的是参与者观点。""采取观察者观点的人则不去追问在特定的法律体系中什么才是正确的决定,而是追问在特定的法律体系中实际上是如何作出决定的。"[9]②法理论呈现的是导向知识,而法教义学/法律方法论产生的是实用知识。前者是用以确定要达成的目标的知识,而后者则是致力于如何达成事先确定的目标的知识。打个比方说,导向知识就是船上的领航员,而实用知识就是船上负责操桨的水手。

就实践而言,传统观点中将法实践等同于法律施行或法律适用,尤其是法院的法律适用活动(有时也将行政执法活动包括进来)。在耶施泰特看来,这与传统上根深蒂固的两组二分法相关:一是法律制定/法律创设与法律施行/法律适用的二分,这又被等同为立法与司法/行政的二分。立法机关创设法律,而司法机关与行政机关将立法者确定的东西适用于具体的情形。二是创造与认知的二分。法律制

---

〔9〕[德]罗伯特·阿列克西:《法概念与法效力》,王鹏翔译,五南图书出版股份有限公司2013年版,第42~43页。

定创造规范,而法律适用则仅仅是一个认识规范的过程,只需要依靠逻辑,借助于演绎,将具体情形涵摄于规范之下就可以推导出(唯一正确的?)答案。法官和行政官员就是法律的喉舌和涵摄的机器而已。对于这种观点,作者主要借助纯粹法学,尤其是阿道夫·尤里乌斯·默克尔(Adolf Julius Merkl)和汉斯·凯尔森(Hans Kelsen)的法秩序"阶层构造说"进行了批判。这种学说认为:①法秩序是一个根据效力高低的不同构成的有序体系,每个法律规范(无论是传统中说的一般规范还是以司法判决、行政行为体现出的个别规范)在处于这个法秩序的一定的阶层之中,从而从上到下显现出"宪法——制定法——法规与规章——行政行为/司法裁判/私法行为……纯粹的实施行为"的等级构造。法秩序是一个规范不断具体化和个别化的连续状态,法秩序中任何阶层的规范(除了宪法)都构成了规范之具体化和个别化过程中的一环。②每一个规范创设行为都具有"双重面相"。除了处于最顶端的宪法规范和处于最末端的实施行为外,中间所有层级的规范一方面受到上一级规范的限定,另一方面又限定着下一级规范。它们既是法律适用(上一级规范)的结果,又是一种法律创设活动的结果(在具体化过程中添入了个别性的要素，有创造和裁量的余地）。[10]故而立法者的行为与司法或行政官员的行为之间没有结构差别，它们都既是法律适用又是法律制定行为。甚至私人的法律创设活动同样如此。因此，法实践是私人和公共法律实体的全部法律创设活动。

综上，如果说理论和实践是二分式的（不是理论的就是实践的），那么法理论与法实践就不是二分式的，中间还隔着同样属于法学（理论）的法教义学和法律方法论。同时，法实践也需要在法律适用和法律制定的双重意义上来理解。为了更直观地展现它们，可以构图如下：

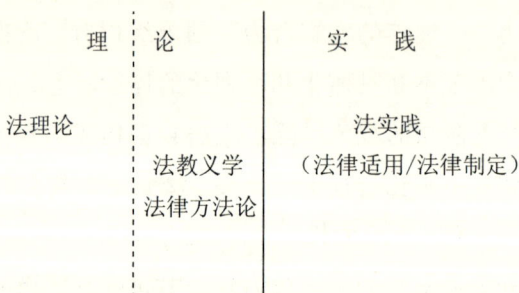

理　论		实　践
法理论		法实践
	法教义学 法律方法论	（法律适用/法律制定）

　　法教义学和法律方法论对于法实践的作用是明

---

　　〔10〕　关于法秩序的阶层构造理论，具体可参见雷磊：《适于法治的法律体系模式》，载《法学研究》2015 年第 5 期。

显的,因为它们原本就是围绕有待被适用的实在法
而展开的理论。有疑问的只在于,(狭义上的)法理
论对于法实践是否有用。

五

那么,首先就得进一步明确,法理论究竟是什
么?它的对象、地位和功能何在?在前文的基础上,
我们可以将作者的观点归纳为这样几点:①法理论
的对象(实质客体)是作为规范性事实的法。笼统
地说,所有法学学科的研究对象都是法,但是,不
同分支学科研究法的角度是不一样的。甚至可以说,
并不存在"那个"法("the"law),而只存在不同
的法,如作为规范性事实的法、作为价值(性事实)
的法、作为社会性事实的法等,如此就形成了法理
论、法哲学、法社会学等分支。由此我们也可明白,
法理论是一门规范科学。而这一点就与法社会学相
区分,后者是法学的经验性研究分支,属于因果科
学。②法理论的认知兴趣(形式客体)是对法的状
态、构造、运作方式和获取的分析,目标在于法的
功能描述,所以它是一门描述-分析性的学科,是一
种形式学说。它追问法的特点与运作方式,但不对
法进行评价。要对法进行评价(正当化)的是法哲

学。法理论与法哲学都是从观察者视角出发的法学研究，但两者的任务（描述-分析 vs. 评价）不同。当然，要指出的是，耶施泰特的这种理解并不是没有争议的。过去和当代的许多学者都认为法理论同时包括形式学说和内容学说，[11]更有甚者将法哲学也作为法理论的一部分。[12]这一点当为读者所注意。③法理论的鹄的（或者说理论目标）在于法律（学）的固有功能性或固有理性，也可称为固有法则。也就是说，它既要研究法律的固有法则，也要研究法学（法律科学）的固有法则，是两者的合一。为此，作者选用了"juridische"这个词，而非常用的"juristische"，我只能将其翻译为"法律（学）"，以体现法律和法学的双重含义。后者指的是以规范科学-适用导向的方式来作业的法律科学，尤其是法律方法论和法教义学。法理论要检视法律方法论和法教义学是否能实现法的固有理性，从而帮助法的解释和适用。所以，法理论的任务，一方面在于确保法

---

〔11〕 例如参见 Hans Nawiasky, *Allgemeine Rechtslehre als System der rechtlichen Grundbegriffe*, 2. Aufl., Einsiedeln/Zürich/Köln: Verlagsanstalt Benziger & Co. AG, 1948, S. 5; Klaus F. Röhl und Hans Christian Röhl, *Allgemeine Rechtslehre: Ein Lehrbuch*, 3. Aufl., Köln/München: Carl Heymanns Verlag, 2008, S. 2-3.

〔12〕 Vgl. Bernd Rüthers, Christian Fischer, Axel Birk, *Rechtstheorie mit Juristischer Methodenlehre*, 8. Aufl., 2015, S. VII.

相对于法外现象的独立地位，另一方面在于确保法学相对于相邻学科的独立地位。

那么，法的固有法则是什么？作者在此结合了上面说过的纯粹法学以及卢曼（Luhmann）的系统论的观点，提出了法的固有理性的三个特征，即功能区分的复杂性、完全的实证性以及自我指涉性。这三个特征是以法的动态学为基础的，也就是将法解释为持续不断、自我导控的具体化和个别化的过程。一方面，这个过程通过实证规范将创设和废除规范的权能分配给无数公共和私人的法律创设者（见上文），从而实现复杂的功能分化。所以，个别法律规范可能处于静止状态（当然这只是意味着法秩序本身规定的改变这个规范的条件没有成就，因而它持续地有效下去），但作为规范整体的法却始终处于动态之中。另一方面，法如何被创设、如何被变更，完全由法本身来规定，从而法是"自我规制的规制"和"自创生的系统"。想一想上文描绘的规范阶层构造中上一级规范和下一级规范之间的关系就可明了这一点。要注意的是，这不是说上位规范能够脱离开人，自我生产出下位规范。规范当然是由人来制定的。但这只是事实（社会学）层面的观察。如果从规范层面来观察，只有当获得上位规范授权的人（法律主体）按照它规定的程序、在规定的权限范围内创设出的才是有效的法。换个角度说,只有符合法律本身规定的人的行为才是规范创设行为,这种规范创设行为创设出的才是有效的法。所以在此意义上,起决定性作用的是法本身,是法本身规定了自己的创设和变更。这也保证了法的自洽或者说独立性。由于现代社会的法日益错综复杂,所以对研究上述法的固有理性的法理论的需求也在不断增长。

法律科学的固有法则又是什么?法的固有理性为法律科学,即以方法-教义学的方式来作业的法学的固有理性奠定了基础。后者意味着两个方面:从学科内的视角看,法律方法论和法教义学相对于其他分支学科(如法哲学、法社会学等)是独立的,对后者领域知识的继受要受前者本身之固有理性的检验;从跨学科的视角看,法律科学可以将其他学科的知识包含进来,转换为自身的知识,但这种知识的转换是独白式的、单向度的,是按照法律科学本身的规则来进行的。所以,这是个"认知开放但运作封闭"的过程。换句话说,法学其他分支学科和法学外其他学科可以影响到法律方法论和法教义学,但必须按照法律方法论和法教义学的"游戏规则"(体现其固有理性)来进行代码转换,就像所有的外部信息在计算机编程中都要被转换为代码那样。

法理论秉持实证主义-规范主义的基本立场。说它是实证主义的，是因为它反对法律道德主义。法律道德主义将合乎道德或公正作为法有效或合法的必要条件。相反，实证主义坚持法与道德的分离，认为法的效力不来自于道德价值，而来自于自身。即便有时法的创设条件真的依赖于某种道德观念，但这也以此为前提：它们本身已被法律所继受和实证化，或者说，是法律本身规定了哪些道德观念可以作为待创设之法律规范的效力条件。从这个角度说，这并不影响实证主义的立场。说它是规范主义的，是因为它反对法律自然主义。这里的区分在于来自休谟（Hume）的实然与应然，或者说"是"与"应当"的二分法。法律自然主义将一切应然都还原为实然，认为"应当"可以从"是"中推导出来，从而造成"自然主义谬误"［摩尔（Moore）］。与此相反，法理论坚持实然与应然的分离，因为法律的性质（合法性）是应然而非实然。创设法律规范当然离不开事实（人创设规范的意志行为），但事实如何作为创设规范之条件本身又只能由法律规范来规定，从而形成规范–规范的链条。所以，法律和法学（法律科学）的固有理性既不来自于价值（道德），也不来自于事实，而只来自于实证化的规范本身。由此我们又一次见到了凯尔森的基本框架对于耶施泰特的巨大影响。

综上，按照作者的理解，法理论是一门从观察者视角出发的、以分析性范式来研究法律与法学之固有法则，以实证主义和规范主义为基本立场的法学基础学科。由于它以对法律获取（创设和适用）之结构的反思为己任，所以它也是一种法律获取理论。

六

在耶施泰特看来，法理论相对于法实践的边缘性地位的原因不在于前者没有用，而在于缺少一种恰当的法律获取理论。因为主流的法律获取理论都采取一种整合主义的立场，混淆了法和法律科学的固有理性，但实际上它们具有各自特殊的内涵。这可以通过法律（获取）的创造性、规范性和动态性三种现象得到说明。

（1）法律获取的创造性。法律获取自然具有创造性因素，但诠释学的观点却过于极端。根据诠释学的观点，对法律规范的解释就是规范的具体化，规范的内容只有在解释终了之处才能获得。但作者认为，这事实上混淆了法律获取过程中的两种创造性，即认识论的创造性和本体论的创造性，或者说与法律认知相关的创造性和与法律创设相关的创造性。认识论的创造性是对于法律认知而言必要的智识能力。对于同一个事物（规范）可能存在多种解释（认知），而在解释（认知）事物（规范）的过程中不可避免会有解释者自由裁量的余地，创造性也就此潜入了认知之中。但这并不代表说就会在本体论的意义上产生多个规范。与此不同，本体论的创造性指的是创设法律的能力。前面说过，法律规范本身会规定创设下位规范的条件，但在授权时，它会给被授权者留下或大或小的空间。只要在授权的范围内，被授权者创设出的法律规范都是有效的。在这个过程中就有创造性的因素存在，这种创造性因素与被创设出的新的法律规范的内容具有直接关联。由此，不同的被授权者可能会创设出不同的规范。这两种形式的创造性的区分，对应法源理论上法律认知的渊源与法律创设的渊源之间的区分。

（2）法的规范性（拘束性）。人们时常混淆作为规范的法和作为规范科学的法学。两者的区别可以从三个方面来说明：其一，法具有规范性，这指的是法的属性，也即是规定性、命令性；而将法学视为规范科学，指的只是法学的研究对象是规范（或具有规范性的法），但它本身不具有规范性，而是关于法律规范的描述性科学。其二，法学（尤其是法哲学）也可能是规范性（这里＝评价性）的，但规范性的来源并不相同。法学作为理论的范畴，其规范性来自于它所提供之理由的说服力，因而属于论证的权威、内在的权威；而实在法的规范性来自于它的实证性，也即是由权威者创设的事实，因而属于权力的权威、外在的权威。其三，实在法只在特定法秩序内、相对于这个法秩序才有规范性，但法学的规范性有可能是超越特定法秩序的。

（3）法的动态性（法随时间的可变性）。法的变迁学说认为，在时间展开的过程中，法会随着社会-经济关系的变迁而改变，此乃自明之理。但作者认为，这种变迁学说依然是对法的静态观察，从而忽视了上面所讲的法的动态观察。它将单个规范孤立起来观察，认为后者本身是静止的，只是受到外在环境的影响才发生了改变。由于它认为法律变迁的动力来自于外部，可以称之为"外生变迁"说。但是法律是个动态性的、阶层式的、规定了自我创设条件的规范体系，它具有"内生变迁"的可能。那么，如何协调这种内生变迁和外生变迁的观点呢？依然需要回到前面讲过的系统论关于"认知开放但运作封闭"的要点上来：法律是一种具有学习能力的系统，这种能力来自于法律系统向外部环境的认知开放性，但系统本身的变迁是按照自身的运作过程在封闭的系统中进行的。换言之，外生变迁影响了法律系统的认知,社会-经济关系作为环境要素"输入"了系统,但法律系统内部的组成如何改变则要根据内生变迁的方式来进行。

作者并没有明说为什么上述三种现象就体现了法和法律科学的固有理性的混淆。但是可以推测的是,上述三种现象中各自需要被区分的两件事应该恰好对应着法或法律科学的固有理性:

	法的固有理性	法律科学的固有理性
法律获取的创造性	与法律创设相关的创造性	与法律认知相关的创造性
法的规范性	作为规范的法	作为规范科学的法学
法的动态性	内生变迁	外生变迁

在学说史上,这种混淆还体现在两个方面:一是传统方法论。传统方法论将法律适用等同于法律解释,又将法律解释等同于制定法解释。进而,认为制定法解释就是对制定法的认知。所以,其结论就是,法律方法论就是以法律认知为对象的,法教义学就是认知的结果;运用方法论时没有创设性活动,法教义学也与(创设性的)法政策学截然二分。与此相反,诠释学根本否认解释的认知性,认为它完全是创造性的,规范就是解释的结果。其实这两种进路都是一元论的、整合主义的,只是站在了标

尺的两端。但在作者看来，真正恰当的是二元论的理解，即将法律适用看作既有法律认知又有法律创设的面相，后者在法官的法的续造、类比、权衡、合宪性解释等领域体现得尤其明显。二是所谓"法学家法"。方法论上的整合主义都认为法教义学具有法律创设的性质，因而属于法律创设的渊源。其高峰就是 19 世纪的概念法学，由于将法视为民族精神，而法学家又是民族精神的代表（法的技术因素）。因此在概念法学家那里，法与法律科学（法教义学）是不作区分的，形成了融合两者的法学家法。但在今天，这种想法已宣告破产。所以，将制定法解释作为唯一对象的方法论与将法教义学作为创设法律的渊源的做法都是不恰当的法律获取理论的后果。相反，一种动态的法律获取理论要严格区分法的认知要素和创设要素，并形成彼此之间的关系。这正说明了法律获取理论与法律方法论和教义性法源学说之间的联系。

如此一来，法理论对于法实践的作用也就呼之欲出了：如前所述，法律方法论和法教义学对于实践明显是有用的，这里又证明，法理论（动态的法律获取理论）与法律方法论和法教义学之间又有密切关联，从而法理论之间的联系（尽管是间接的）就建立了起来。质言之，通过阐明实在法的特征与运作方式,并在此基础上对法与法律科学(法律方法论和法教义学)间的关系进行反思和结构化,它传授了不可放弃的导向知识。打个比方,法理论好比是统帅,他对手下的将军表明了作战的战略意图,而法律方法论和法教义学就好比是这些将军,他们负责围绕战略意图制订作战计划(战术),法实践就是他们手下听从指挥作战的士兵。

七

以上所说只是说明了法理论对于法实践的必要性,但却没有说明它的可能性,也即是法理论具体到底有什么作用。在前面绕了一大圈之后,作者终于完全切入了正题:一言以蔽之,法理论是对法和法律科学之固有法则的保护机制。

一方面,法理论是对法律科学之固有法则的保护机制。这又体现在两个方面:①在对外关系上,法理论是一门"边防哨学科"。它好比规范科学的门卫或防火墙,保护法律科学免于其他学科的侵扰。当然,这并不意味着法律科学要固步自封、闭塞视听,将一切外来的知识挡在门外。相反,吸纳外部的信息是必要的,只是需要选择:相关知识能否以及在多大范围内可以基于法和法律科学的固有法则被重述。而法理论就是这个筛选器。它根据（法或）法律科学的规则将一开始属于陌生科学的信息变成了法律科学的信息。而这种筛选的单向性（独白性）是出于（内部）学科整合和方法论同一性的目的，这也确保了法律科学相对于其他科学的独立性。事实上，耶施泰特认为，这一特性不仅适用于法律科学，也适用于一切科学。进而，他反对有什么跨学科的定理（也即在同等意义上属于两门或多门学科的定理），真正跨学科"对话"的前提是一门科学自身的方法同一性及其学科整合。法学也当如此，而法理论就有助于此。②在对内关系上，法理论是一门"法律解剖学"。作为导向知识，它促使法律方法论和法教义学或者说从事法律适用的工作者进行自我审查，看是否符合法和法律科学的固有法则。但法理论与法教义学/法律方法论的工作方式是有区别的：其一，法理论持观察者的立场，没有必须决定个案的压力；其二，法理论不会简化论证和反思，相反，它（尤其是在疑难案件中）会提醒法律适用者注意到问题的复杂性和解决可能的多样性；其三，法理论不对具体的实在法采取肯定性的立场，以"不参与的方式"去观察事实上存在的法。

另一方面，法理论是对法之固有法则的保护机制。这不仅体现在它保护法的固有法则免于道德、政治或宗教等其他现象的侵扰，也体现在它保护法免受法教义学的侵扰。这又展现在五个方面：①通过语境化的相对化。法教义学致力于提供一套体系化的概念、公式和原理，这些概念、公式和原理往往是去语境化的，这使得它看起来是普适的、具有法律本质性和必然性的。但其实法学的对象是并不超越时空的实在法，是特定语境中的法。所以法教义学上的分类只是语境化的产物（如欧陆传统），法教义学上的概念也只有从各自具体的语境中才会获得意义。法教义学有从两个事物的法律指称一致推导出法律实质一致的危险，而法理论提醒注意这一点。②对法的偶然性的保护。法教义学力图达成法的一贯性和融贯性，但实在法却具有偶然性。法律科学仍竭力嘲弄这种偶然性并感到不安，但法教义学者却无法反对带有偶然性的实在法，也不能一劳永逸地消除它们。法理论则肯认并保护这种偶然性。③体系怀疑论。法教义学倾向于法的体系化，甚至可能像概念法学者那样陷入"法律公理体系之梦"[13]。但教义学提供的体系设计不过是种工具，是可以反驳的假设而已，它往往与实在法本身是有张力的。

---

〔13〕 参见舒国滢：《寻访法学的问题立场——兼谈"论题学法学"的思考方式》，载《法学研究》2005 年第 3 期。

法理论能消除表面的幻想，让我们认识教义体系的性质。④逻辑的界限。法教义学服从逻辑，但实在法并非完全是按照逻辑来构造的，法可能相互矛盾却依然有效。法理论将服从逻辑的法律命题（有真值）与服从于法的固有法则的法律条文（无真值）清晰区分开来。⑤反对教义学的自我授权。助产士帮助孕妇生产，但却不是孩子的母亲。同样地，法教义学（作为观察者）描述和伴随法律制定，而非（作为参与者）直接去从事法律制定，如果这么做就是自我授权（越权）。法理论将提醒法教义学不要超越自己的本职。

一句话，（作为观察者理论的）法理论作为对法之固有法则的保护机制，其作用体现在它能够指明（作为参与者理论的）教义学的界限。所以它是一种前面所说的怀疑论，怀疑的对象是法教义学；它是通过理论的理论祛魅，这里，前一个"理论"指的是法理论（元理论），后一个"理论"指的是法教义学（适用导向的对象理论）。这种祛魅的效果有两个：其一，相比于教义学有时是虚假的建构和简化的论证，法理论让人们在法律获取过程中保留冗长和繁琐得多的论证；其二，法理论将法政策学重新拉回了法律科学之中，因为任何法律适用和法律创设行为都包含着法政策要素。

八

　　法理论可以调和作为实践科学的法学与作为精神科学的法学，也是一种在法实践中十分严肃、富有成效的活动。但是，在理解其对实践的作用时要注意两点：其一，这种作用是间接的而不是直接的。用耶施泰特的话来说，它起到的不是"市场叫卖般的肤浅的效用"，而是一种弯道效益。这种间接性体现在，法理论是借由法律方法论和法教义学对法实践发挥作用的。作为实用知识，法律方法论和法教义学直接对实践发挥指引作用；而作为导向知识，法理论通过对法和法律科学之固有法则的反思对法律方法论和法教义学进行反省和引导，从而间接对法实践发挥作用。其二，这种作用不在于简化问题和论证，恰恰相反，很多时候法理论会使得问题和论证复杂化。法律适用的过程不会通过法理论变得"更简单"和"更舒适"。但正是通过"更复杂"和让人"更难受"，法理论使得法律适用者更清楚法律问题的（尤其是在疑难案件中）复杂性和论证方式的多样性，以避免简单化思维，避免固有的教义概念、规则、公式对特殊性的遮蔽。想一想"告密者案件""柏林墙射手案""（德国）盐酸案""洞穴奇

案"这些或真实或虚构的案例就可明白。所以美国
法学家罗纳德·德沃金（Ronald Dworkin）才说，
"法理学是司法裁判的总论，任何法律判决的沉默序
言"[14]。除非在特定时代，特定学术共同体对于某
种法理论学说存在共识，这时候法理论才能起到减
负的作用。当然，这几乎属于极其例外的情形。

不可否认，《法理论有什么用？》是当代德国学
者对于法理论的实践作用所作的一点思考。正如处
于语境中的实在法那样，作者的思考和论述也带有
强烈的德国式语境色彩。或许是囿于篇幅，作者在
很多地方没有对相关的概念-理论的背景和含义展开
详尽的说明，也没有预想出可能的反对意见并加以
进一步的反驳。所以，本书在某些问题上的论述尚
不够完整，或者需要作进一步的考量。这里只提出
几个重要的问题：

首先，"法理论"的特殊限定问题。尽管作者看
上去非常宽泛地将法教义学界定为一门反思性的规
范科学，但在后面论述法理论通过法律方法论和法
教义学对实践间接发挥作用时，其实是将法理论限
定为法律获取理论的。这里的问题在于：一方面，

---

〔14〕 Ronald Dworkin, *Law's Empire*, Cambridge Mass.: Harvard University Press, 1986, p. 90.

在通说中,法律获取理论是被作为法律方法论的一部分(尽管是层次较高的,涉及法律适用模式之理解的那部分——因为法律方法论之所以是"论"而不只是法律方法,就是包含了这部分元层面的理解)来处理的。所以在很多学者〔如贝恩德·吕特斯(Bernd Rüthers)〕那里,法律方法论本就是法理论的一部分。另一方面,即便抛开这一点不论,除了法律获取理论,法理论也应当包含更多的内容,比如一般法学说,也即是法律的基本概念与基本结构及其一般基础(功能、原则、结构、方法)。[15]作者完全没有处理这部分法理论,从而在回答"法理论有什么用"这个问题时就显得有些以偏概全了。

其次,法学的科学性问题。法理论要通过法律方法论和法教义学对实践间接发挥作用,而法律方法论和法教义学构成了法律科学的主体。这里面其实已经预设了法学的科学性,也包括法理论的科学性。也可以说,它构成了作者的观点得以成立的一个前提:只有当我们承认法学是一门科学时,法理论才能诸如此般发挥作用。但法学的科学性问题本身就是一个有争议的问题。比如有的法律现实主义

---

〔15〕 参见刘幸义:《法律概念与体系结构:法学方法论文集》,翰芦图书出版有限公司2015年版,第9页。

者可能就会否认法学是什么科学，认为根本就不存在什么真正的法律方法论和法教义学，因为法实践（裁判）压根就不受它们的引导，而只是事后的伪饰和包装。如此一来，法理论就将失去着力点，因为论证的链条就此被打断了。作者其实在很多地方已经触及了这个问题，但或许因其并非本书的主要任务，没有深入展开。

再次，法与法学的独立性问题。作者将法理论界定为对于法和法律科学之固有法则的保护机制，认为它可以确保法和法律科学的独立性。但是，一方面，法和法律科学是否真的存在固有法则？如果有，它究竟是什么？对此作者语焉不详。尤其是法律科学的固有法则更值得质疑：如果说法作为规范体系（在区别于道德等其他规范体系的前提下）还因为这套特殊规范体系的存在而可能具备固有法则的话，那么法律科学的固有法则究竟为何就更值得追问了。比如，法律方法论中的那些法律解释的方法就大多来自于别的学科（如文学解释学、神学解释学）。另一方面，法和法律科学的独立性是不言自明的吗？至少有论者会在概念上否认法的独立性，有的则会否认法学的独立性。前者如自然法学者，后者如强调将法学作为社会科学之一部分并主张跨学科研究的那些学者。所以，法和法学的独立性并不是自明之理,如果不证明这一点,作者的立论就会受到影响,它构成了作者的观点得以成立的另一个前提。但遗憾的是,作者也没有对此详细展开论证。

最后,论题的不完整问题。严格说来,这算不得对本书的真正批评,但对我们来说却很重要。细心的读者会发现,我在"导读"的一开始使用的是"法理学"这个词,而本书的主题词却是"法理论"。通常情况下,法理论既包括作为法的一般法学理论的法理论,也包括作为法的一般哲学理论的法哲学(见"丛书总序")。但作者只是论述了法理论对于法实践的作用,却没有涉及法哲学对于法实践的作用。当然,法理论与法哲学之间的界限本身也是模糊的,不同学者对此也有争议(见前文第三部分第一自然段)。但不管怎么说,作者在"法律获取理论"的意义上使用的法理论肯定无法穷尽法哲学的内容。所以,作者的论题对于我们关心的问题——法理学对于实践有什么用——没有提供完整的回答。

当然,在如此短小的篇幅内,本就不可能算无遗策、事无巨细地去照顾到方方面面的所有问题。提出以上问题的目的只是供读者作后续的思考。不管怎么说,本书是为法理论(法理学)正名的一次极有意义的努力,值得我们认真对待。

I. 被质疑的理论：理论越位了么？

1. 理论在教学中无价值

法理论看上去是多余的。如果我们首先从移植教育、博洛尼亚进程*中的兼容性教育和实践关联性的角度来看待法学的学习，并借助于外部融资、跨学科性和便于应用这些参数来销蚀法学研究的话，那么几乎必定会对法理论上基础性思考的本质与价值感到陌生。

而法学教师若想要合乎其职责，就必然会面对其学生的质疑，因为后者在准备考试的过程中信奉的是这样的座右铭："这在法学理论上可能是正确的，

---

　　* 博洛尼亚进程是 29 个欧洲国家于 1999 年在意大利博洛尼亚提出的欧洲高等教育改革计划，该计划的目标是整合欧盟的高教资源，打通教育体制。——译者注

但对于考试来说却没什么用。"[1]这种对理论的评判
无论如何并非来自于对学术根深蒂固的恐惧症，而
完全是考试理性计算的结果，只要看一看制定法就
可以可靠地证明这一点：在第一次法学国家考试的
必考科目——就如《拜恩州法律职业培训与考试条
例》中所规定的那样——中，人们压根就找不到法
理论。[2]那个可分离（基础性）条款，即要鉴于其
"历史的、社会的、经济的、政治的、法哲学的和欧
盟法的基础"[3]来理解这些必考科目，也对法理论
未置一词。[4]即便是2003年失效的旧《法律职业培
训与考试条例》中以过渡的方式直至2006年底依然

---

〔1〕 这还可以被进一步表述为："这在法学理论上可能是正确的，
但在（准备）考试的过程中绝对不起任何作用。"

〔2〕 参见§18 Abs. 2 Nrn. 1 bis 7 bayJAPO（vom 13. 10. 2003, GVBl.
S. 758）；依据§58 Abs. 2 Nrn. 1-4 bayJAPO，第二次法学国家考试的考
试科目更是如此。

〔3〕 §18 Abs. 1 S. 1 bayJAPO.

〔4〕 除非人们要么将"法理论"（Rechtstheorie）视为只是对传统
上被称为"法哲学"（Rechtsphilosophie）这门学科的另一种更现代（更
时髦？）的称呼而已［阿图尔·考夫曼就持这一观点，他认为法理论不过
是"被解放了的"法哲学，即"法律人的哲学"：Rechtsphilosophie, Recht-
stheorie, Rechtsdogmatik, in：ders. /Winfried Hassemer（Hrsg. ）, Einführung
in die Philosophie und Rechtstheorie der Gegenwart, 6. Aufl. , 1994, S. 1
(11) 及其他各处证明］，要么将法理论仅仅视为法哲学的（相对较年轻
的）分支学科。这两种关于作为概念与学科之法理论的分类范式都不吻
合本书的理解，即将法理论视为与法哲学在认知兴趣、认知对象和认知
方法上有别的法学学科。对此详细的论述参见下文 III. 1, 第70页及以
下。

适用的选修课目录清单，看起来也将法理论革逐在外，虽然那里的 13 个选修课程组是以细节上极不精准的方式被提出的。[5]即使是与法理论相近的、与其经常可以被互换的方法论[6]也只是被《法律职业培训与考试条例》以犹抱琵琶半遮面的方式涉及：不是作为固有的考试领域被提到，而更多是——以"方法论作业的能力"[7]这一公式——成功之学习的表达，而非对象。从与考试相关的视角出发，人们

[5]　参见 §5 Abs. 3 Nrn. 1-13 bayJAPO a. F. (选修课程组 2 最可能是相关的："法与国家哲学；法社会学")；关于第二次法学国家考试参见 §58 Abs. 3 Nrn. 1-7 bayJAPO 规定的——在功能上与选修课程组相符之——"职业形象"。

[6]　在此已然涉及在法律科学中需进一步被讨论之反理论倾向的一个严重后果：虽然有共识的是，法律科学由处理法律现象的子学科组成——例如法哲学、法理论、法社会学、法律史学、比较法学、法学方法论、法教义学与法政策学 (或表述为法政治学更好？)——但在关于这些分支学科间是否存在区分、存在什么样的区分，以及它们彼此之间的关联如何方面存在着大量的争议。大家意见一致的 (法律) 科学建模中的这种——学科内的——缺陷，以特别令人印象深刻的方式一方面展现在法理论与方法论的区分及其关联上 [即便是贝恩德·吕特斯这位为数不多地提出了 "法理论与法学方法论之关系" 问题 (Rechtstheorie, 2. Aufl., 2005, Rn. 983ff.) 的学者，他的考量在科学理论预兆的视角下也并不令人满意；在吕特斯看来，法学方法论似乎构成了囊括法的价值关联性这一法哲学任务在内的法理论的一个组成部分 (尤其参见 Rn. 998-1000)]，另一方面展现在方法论与法教义学的区分及其关联上 ["行政法改革文丛" 的最后一卷便描绘出法学方法论与法教义学之间——匮乏的、更准确地说看起来不准确和不清晰的——区分的代表性图景：Eberhard Schnidt-Aßmann/Wolfgang Hoffmann-Riem (Hrsg.), Methoden der Verwaltungsrechtswissenschaft, 2004]。关于法律 (学) 语境中对 "理论" 一词的多语义运用，参见下文 II. 2.，第 57 页以下。

[7]　例如 §16 Abs. 2 S. 2 bayJAPO.

无疑可以从中解读出针对法理论的禁忌征象。学术项目很大程度上已经适应了这一点，而法理论近乎被认为在教学中是无价值的。[8]

2. 反理论的倾向：多声部的合奏

但对于法理论来说更加糟糕的是，它不仅在法律实践中，而且在法律学术中不少时候会遭受迎面一击。卡尔·施密特（Carl Schmitt）曾将对于法理论的这种怀疑简洁地表述为："有一种反理论的倾向。"[9]这种反理论的倾向以不同的声部和音调闻于世人。后文将从这种多声部的合奏中择取出特别著名的。

a）实用主义者的声音：理论重要吗？

关于实用主义者的声音。他提出，鉴于情形，法学完全可以自我主张拥有实践科学的头衔——有时是幼稚的，有时是颠覆性的，有时是雄心勃勃的——

---

〔8〕 关于"作为基础性危机（这里指的是基础学科的危机）的培训危机"的澄清，参见 Rüthers, Rechtstheorie（前文脚注6），Rn. 36.

〔9〕 卡尔·施密特在其关于《罗马天主教与政治形式》的著名小册子（1925年第2版，第5页）中以这一引导句开始："有一种反罗马的倾向。"

相关的问题在于: "理论重要吗?"[10]法的固有理论原本要去往何方? 一切都由法律实践来决定? 伟大的美国宪法法官小奥利弗·温德尔·霍姆斯 (Oliver Wendell Holmes, Jr.) 奏响了实用主义的嘹亮号角, 他选择了 "我们的'坏人'朋友的视角" ——我们可以将其翻译为 "小人的视角"(die Sicht des kleinen Mannes) ——并抑扬顿挫地咏叹道: "法院实际上将做什么的预测, 而不是其他自命不凡的什么, 就是我所谓的法律的含义。"[11]赫尔穆特·科英 (Helmut Coing) ——他是许多拥护者中的一个——从欧陆的视角出发对此进行了襄助: 根据他的观点, "法律科学……所做的不外乎是为实践中的法律裁判做好准备。"[12]

---

〔10〕 斯蒂芬·图尔敏 (Stephen Toulmin) 以令人印象深刻的方式提醒我们注意这样的危险: 分析性的科学理论会丧失与物理学之间的关联, 假如前者致力于这样的研究, 它们 "以任意方式对每个基于实践经验熟识物理学的人施加不切实际的影响的话。那里所说之事可能是清醒而深奥的, 也没留下什么可以期望是前后一致的东西, 而在某种意义上看起来是不切题的。它并非是错的, 或在其他意义上是有缺陷的, 它只是不相干的" (Einführung in die Philosophie der Wissenschaft, 1953, S. 7f. ; 转引自 Ralf Dreier, Was ist und wozu Allgemeine Rechtstheorie?, 1975; S. 21 Fußn. 50)。

〔11〕 Oliver Wendell Holmes, Jr. , The Path of the Law, in: Harvard Law Review 10 (1896/97), S. 457 (460).

〔12〕 Helmut Coing, Die jurisischen Auslegungsmethoden und die Lehren der allgemeinen Hermeneutik, 1959, S. 23.

b）"现实主义者"的声音：作为理论重复的司法实证主义

实用主义者所奏出的乐曲被"现实主义者"所接纳（尽管加了某些变音与花腔），后者将可能的理论需求视为可以通过司法得到满足。被否定效力的（基本是错的）方法论实证主义必须要为一种争议很大的司法实证主义让出位置，它一再被认为是理论上的重复（假如它是关键的话）。这恰恰在国家学说中能得到最令人印象深刻的证明：将其来自"方向之争"的伟大的魏玛时期理论遗产抛诸脑后，宪法学已在很大程度上与宪法法院实证主义相妥协，并将宪法性司法接受为理论替代物。[13]最有实际影响力的那类司法实证主义本身拥有多样化的智识来源，如——不完全列举——一种是打下实用主义烙印的来源，一种是经过方法论修饰的来源，一种是浸透着诠释学思想的来源，最后还有一种是受到法社会

〔13〕 对此代表性的论述参见 Bernhard Schlink, Die Entthronung der Staatsrechtswissenschaft durch die Verfassungsgerichtsbarkeit, in：Der Staat 28 (1989), S. 161ff.；Josef Isensee, Verfassungsgerichtsbarkeit in Deutschland, in：Bernd Wieser/Armin Stolz (Hrsg.), Verfassungsrecht und Verfassungsgeichtsbarkeit an der Schwelle zum 21. Jahrhundert. Symposion für Richard Novak, 2000, S. 15ff.；Ulrich R. Haltern, Die Rule of Law zwischen Theorie and Praxis, in：Der Staat 40 (2001), S. 243ff.；Matthias Jestaedt, Verfassungsgerichtspositivismus, in：Hommage an Josef Isensee, 2002, S. 183 (188ff.).

学启发的来源。[14] 从这种仿佛是行为主义的方法论范式（它将法律适用者在实践中展现出来的行为直截了当地等同于法本身）[15] 出发来看，理论的必要性和正当性只是在于通过学术反思来紧追不舍地复述实践，也即——在一种自然主义谬误的基础上——对人们习惯上所称的"法律现实"进行学术复述。（至少是被默示假定的）事实的规范力量在实践的理论力量中找到了它的对应物。

c) 理论虚无主义者的声音："作为科学的法学的无价值性"

但反理论家合奏中最刺耳的声音过去归功于，现在也一如既往地归属于尤利乌斯·冯·基尔希曼（Julius von Kirchmann），他在他那篇发表于 1848 年的论战性小册子的标题——《论作为科学的法学的无价值性》[16]——中就已经炫示了理论虚无主义者的使命意识。冯·基尔希曼首先强调了他所选的标题所蕴含的双重含义："科学的法学的无价值性首先

---

〔14〕 更细致的阐述以及大量的证明，参见 Jestaedt, Verfassungs-gerichtspositivismus（前引脚注 13），S. 190–203.

〔15〕 准确地说，这里首先涉及的不是法律适用者的行为，而是对法律适用者有拘束力的法的解释（它激发和引导着法律适用者的行为）。

〔16〕 Julius von Kirchmann, Von der Wertlosigkeit der Jurisprudenz als Wissenschaft（1848），Ausgabe der Wissenschaftlicehn Buchgesellschaft 1969.

意味着：'法学尽管是一门科学，但它对于现实和民众的生活毫无影响，就如每门这样的科学都应具有的那样'。但它也可能意味着：'法学是理论性的，作为科学是无价值的，它不是科学，也达不到科学上的真概念。'"[17]然而冯·基尔希曼并不在鼠疫与霍乱、"最低限度的科学"与"非科学"之间进行敏感的选择；他想要一劳永逸地清除掉将法学作为科学的主张，因而重复补充道："这一主题的意义在**两个方向上都**表达出了我想要说出的东西。"[18]

d）理论逃逸者的声音："没有人能容忍被活体解剖"

在我们的概述中不能缺少理论逃逸者的声音，他尽管通常不会大声表达出来，但他的声音依然有其分量，且在反理论者的合奏中扮演着承载旋律的角色。拉尔夫·德莱尔（Ralf Dreier）在三十年前为法教义学者和法社会学家所铸造的关系，也可以（在其他条件不变的前提下）适用于与适用法律相关的工作者与法律理论家之间的关系：正如还要被指明的那样，合乎事情本质的是，法律理论家在对法

---

〔17〕 von Kirchmann, Wertlosigkeit（前引脚注 16），S. 7.

〔18〕 von Kirchmann, Wertlosigkeit（前引脚注 16），S. 7（强调并非原文所加）.

律实践进行思考时，会发现那些令与操持法律适用相关工作的教义学者和实务工作者感到不快的知识，会干扰他的无偏私性与自信、他的自我理解及其（外在）表现。德莱尔有针对性地诊断出了分析性反思具有捣乱性："没有人能容忍被活体解剖。"[19]

e）无政府主义者的声音："反对方法！怎么着都行！"

从事实践和学术工作的法律人遭遇固有法律（学）理论的机会通常并不太多。[20]但取向于法律实践的法律人最容易与法的运用理论即方法论发生关联。因此，主流法律方法论，即**参与者视角**之法律获取反思的状态与价值，不少时候将必然成为法理论，即**观察者视角**之法律获取反思的状态与价值的决定性指标。[21]由于人们关于法学方法论之意义与

---

〔19〕 R. Dreier, Allgemeine Rechtstheorie（前引脚注10），S. 16；德莱尔在这一情境中（前引文，第17页）同样谈及"一种依然广为流传的反社会学的倾向"。

〔20〕 这当然不仅是因为实践的理论恐惧症，而且可能在不低的程度上也是因为有如此多的理论脱离实践，它们没有动力去追问对于实践的益处，并在志趣相投者的秘密圈子中流传。关于法教义学与法理论之间的关系参见下文 II. 2，第57页以下，以及 V. 2.，第133页及以下。

〔21〕 关于参与者视角与观察者视角理论的区分，参见下文 II. 2，第58页以下。

价值并不总是——表述得客气一点的话——作出讨人喜欢的判断，这也会使得法理论的市值落入无底洞之中。所以并不令人感到奇怪的是，反理论的倾向大多时候是以反方法论倾向的形式表达出来的，或至少伴随着**反方法论**倾向被表达出来。对此可以提及四个例子：

（1）从事法律实践或为法律实践服务之法律人对于反思的恐惧可以轻易在一种方法无政府主义的宝库中被找到，它是"科学理论的冒失鬼"[22]、出生于维也纳的哲学家保罗·费耶阿本德（Paul Feyerabend）所构造的。他的号召——"反对方法!"及其补救性建议——"怎么着都行!"可以在摇摆于任意方法和厌倦方法之间的商谈中[23]得到同情，并能为自己对于理论和方法的冷漠进行如此精彩的

---

[22] 这一称呼参见 Hans Poser, Wissenschaftstheorie, 2001, S. 178.

[23] 即便是在近四十年后，这一既往症也继续（几乎没什么改变）存在。马丁·克里勒（Martin Kriele）在其教授资格论文中"当今的方法讨论"部分提出了它，他尤其认为这种既往症卷入了四组矛盾之中："①它致力于限制法官的自由，但却通过增加方法和对方法的选择又扩大了法官的自由；②它努力尽可能地使法律论证免于政治观点的影响，但它的理论却被打下了学派的印记，这些学派本身已不自觉地倾向于政治性的目标观念；③它想将对基本法的解释导向实质性的宪法理论，但这种理论只有当其本身导向基本法时才可能是正确的；④它从基本法中推导出方法观点，但从基本法中却可以提炼出大相径庭的内容，这要看人们用何种方法来解释它"[Theorie der Rechtsgewinnung, 2. Aufl., 1976（1. Aufl., 1967）, S. 36]。

辩护。[24]

f) 启蒙者的声音："说的不做，做的不说"

（2）恰恰是这种方法－理论的机械论同样在一种不那么激进，甚至可以说在整体上完全合理的方法批判——正如以拉尔夫·克里斯滕森（Ralph Christensen）为代表的启蒙者所表达的——中展现出它的实效。他明确地指出了迄今一如既往地占绝对统治地位的方法论的错误，这种方法论尤其与卡尔·拉伦茨（Karl Larenz）和克劳斯－威廉·卡纳里斯（Claus-Wilhelm Canaris）[25]等人的名字相连，同样在法院实践中被逐字逐句奉若神明。他通过双重的不对等——"说的不做，做的不说"[26]——揭开了

---

[24] Paul Feyerabend, Against Method. Outline of an Anarchistic Theory of Knowledge, 1975（德文版：Wider den Methodenzwang. Skizze einer anarchistischen Erkenntnistheorie, 1976），下文引自经保罗·费耶阿本德本人作过修订的 1986 年德文新版。在此人们自然通常没有认识到，恰恰是费耶阿本德（他使着眼色意味深长地提出了他的方法无政府主义）也遵循着一种毫无含糊地与理论相关的范式。对于费耶阿本德的科学论范式的一个简明扼要的导读，参见 Poser, Wissenschaftstheorie（前引脚注 22），S. 178-185.

[25] 一如既往地被广泛引用的方法论著作：Karl Larenz, Methodenlehre der Rechtswissenschaft, 6. Aufl., 1991；也可参见 des./Claus-Wilhelm Canaris, Methodenlehre der Rechtswissenschaft, 3. Aufl., 1995.

[26] 参见 Ralph Christensen, Was heißt Gesetzesbindung? 1989, S. 64，他造就了所谓的司法转向："法院并不做它们所说之事，也不说它们所做之事"。以一种不仅包含语义层面，而且包含语用层面在内的

主流方法观念之（首先和主要是：客观上[27]）不真诚的伪装。我们不该走得过远，认为："谈论方法的人都想要骗人"，为的是将方法——从而也迫不得已地同样将理论——看作并非服务于披露，而——完全相反——是服务于伪装的。[28]恰恰是方法的理论与方法的实践之间的这种不可忽视的裂缝——也可以像马丁·克里勒那样称之为"学者的方法"与"法官的方法"之间的裂缝[29]——无法提升对法理

___

精致理论来把握法官的裁判实践与证立实践的尝试，参见 Ralph Christensen und Hans Kudlich, Theorie richterlichen Begründens, 2001.

〔27〕 卡尔·施密特在年轻时就已经指出了这个值得一提的矛盾，即"幸运的是，实践的方法要比实践所认为的方法来得好"（Gesetz und Urteil, 1912, S. 45）。作为补充可再次参见前文脚注23。

〔28〕 对此更细致的阐述参见 Horst Sendler, Die Methoden der Verfassungsinterpretation-Rationalisierung der Entscheidungsfindung oder Camouflage der Dezision? in: Festschrift für Martin Kriele, 1997, S. 457ff 及其他各处。方法选择的政治属性长久以来就已经被认识到，也饱受争议；具有指导意义的文献参见 Dieter Grimm, Methodenwahl als politischer Faktor（1982），in: ders. , Recht und Staat der bürgerlichen Gesellschaft, 1987, S. 347ff. 可惜的是，讨论通常只是十分热切地聚焦于政治要素——而对法律获取理论对于方法选择的影响却视而不见。

〔29〕 参见 Kriele, Rechtsgewinnung（前引脚注23），S. 43ff, bes. 46, u. ö.，他正确地指责道，（一如既往地）占支配地位的方法论是一种"学者的方法"、法学的方法，而不是一种法律实务工作者的方法、"法官的方法"（同上引，第41和42页——原文没有强调）。相应地，最近一篇文章［Christoph Möllers, Disziplinen und Methoden der Verwaltungsrechtswissenschaft, in: Wolfgang Hoffmann-Riem/Eberhard Schmidt-Aßmann/Andreas Voßkuhle（Hrsg.），Grundlagen des Verwaltungsrechts, Bd. 1, 2006, § 3 Rn. 21f., 23ff. , 35ff. , 40ff. , 52ff. ］区分了"与适用相关的方法理解和与学术相关的方法理解"（Rn. 23）。

论的尊重。[30]源自科学理论的区分——建立的关联
与展示的关联[31]、"发现的情境"与"证立的情
境"[32]、"发现、调查或收集的方法"与"审判或
公布的方法"[33]，或者还有对规范性行为的证立
（被称为"判决"）与对判决行为之事实经过的澄
清[34]——强化了这样一种确信：理论和方法在最好

---

〔30〕 相反，惯常的法学方法论以一种在法理论上不那么复杂的关
于法秩序和法律获取过程的理解为基础，恰恰是这种情况在很大程度上
陷入了这一矛盾之中：虽然传统的（制定法）解释方法获得了不计其数
的（口头的?）认同，但在法律适用的紧急情况下信赖它们的例子却几
乎不可见，而具体的法律获取则严格并排他他性地遵循着逐字逐句被重视
的方法论方针。就此而言，联邦宪法法院的方法实践——它可以标语的
方式被概括为机会主义的、选择性的和实用主义的（实用主义者
的）——同样也是以偏概全的（对此的证明参见 Matthias Jestaedt, Grun-
drechtsentfaltung im Gesetz, 1999, S. 47 Fußn. 19）。

〔31〕 对此例如参见 Wolfgang Hoffmann – Riem, Methoden einer an-
wendungsorientierten Verwaltungsrechtswissenschaft, in: Eberhard Schmidt –
Aßmann/Wolfgang Hoffmann – Riem（Hrsg.）, Methoden der Verwaltung-
srechtswissenschaft, 2004, S. 9（20ff., bes. 23ff.）；同样可见 Hans –
Heinrich Trute, Methodik der Herstellung und Darstellung verwaltungsrechtli-
cher Entscheidungen, ebd., S. 293（296ff., 298ff.）及其他各处。

〔32〕 基础性文献参见 Hans Reichenbach, Experience and Prediction,
1938, S. 6ff.；相应的例如还有 Richard Alan Wasserstrom, The Judcial De-
cision, 1961, S. 27. 来自于德语文献的其他证明例如还有 Jestaedt, Grun-
drechtsenfaltung（前引脚注 30）, S. 133 Fußn. 258.

〔33〕 关于这一可追溯到托马斯·冯·阿奎那（Thomas von Aquin）
的区分，参见 J. Isaac, La notion dialectique chez Saint Thomas, in: Revue
des Sciences Philosophiques et Théologiques XXXIV（1935）, S. 481ff.,
bes. 483 以及脚注 11。

〔34〕 对此参见 C. Schmidt, Gesetz（前引脚注 27）, S. 17ff., bes. 18：
"对**判决**的证立不能与对**判决**行为之心理学上的因果说明相混淆"（强调
为原文所加）。

的情形中是习惯性的无用的装饰，在最糟的情形中却是掩饰事实上所做之事的装置。[35]

g) 美学家的声音："无论裁判与技艺如何结合，都始终不得要领"

（3）如果说实用主义者、现实主义者和启蒙者通常乐于将法律人首先视为手工艺人，因而将法律科学视为手工艺活（它靠的不是理论的原创性，而是实践的稳健性）的话，那么法律科学家中的美学家则远离了这种机械主义的（自我）说明：他坚持认为，人们无法"像学习阅读、写作、算术"那样去学习法律的解释与适用，因为这两者涉及的是一门依靠裁判和判断力来确保的技艺。[36]法律科学的

---

〔35〕 卡尔·施密特在类似的语境中提出了"涂敷式喜剧艺术"的概念 [Gesetz（前引脚注 27），S. 17]。与这一谴责惊人地接近的还有古斯塔夫·拉德布鲁赫（Gustav Radbruch）的那句广为流传的话："解释就是结果——它的结果"，并继续指出："只有当结果已然确定之后，解释手段才被选定，所谓的解释手段事实上只是被用于从文本出发，对于通过对文本进行创造性补充的方式已然找到之物的嗣后证立罢了 [Einführung in die Rechtswissenschaft, 7. und 8. Aufl., 1929, S. 129；对此可见 WInfried Hassemer, Juristische Hermeneutik, in: ARSP 72（1986），S. 195（210f.）]。

〔36〕 透彻的分析参见 Josef Isensee, Arbeiter am Text: Philologen und Juristen, in: Klaus Borchard/Willi Hirdt/Josef Insensee, Grenzüberschreitende Wissenschaft. Reden anläßlich der Emeritierung von Willi Hirdt, 2004, S. 31（39-42，所引的表述参见第 39 页）；他早先已经表达过相关的观点：ders., Vom Ethos des Interpreten, in: Festschrift für Günther Winkler, 1997, S. 367ff.

古称——Jurisprudenz（实践法学）、prudentia iuris
（法的实践智慧）——正确地表达出，法的获取采取
的并非几何模式，也即是说，无法足以借助于事先
通过理论确立的规则被把握和导控。[37][38] 少有其他
人能像弗里德里希·卡尔·冯·萨维尼（Friedrich
Carl von Savigny）那样为只是缓慢独立起来的法学记
录下，解释的技艺"几乎不像其他技艺那样可以通
过规则来告知和获得"，但对它们的教育可以"通
过对来自以前或现在的优秀样本的观察"来得到提
升。[39] 但我们可以让美学家自己说："……我们无法
期待它（即解释理论）有什么实践价值。解释的大
师并不依靠某种方法论的帮助。在它的基础上只能
造就门外汉，造就缺乏决断力、毫无艺术技巧的空
谈家。"[40] 当然，在歌德（Goethe）看来，怀疑方法

---

〔37〕 援引将法学（法律科学）称为"Jurisprudenz"（而非例如
"Jurisszienz"）的做法只是一种不可靠的情况证据，因为例如在法语中，
"jurisprudence"指的绝不是法学学术，而是实践性的司法活动。

〔38〕 关于这一广泛的命题，即（在一种理性主义的-批判性的-相
对主义的和方法无政府主义的科学论的基础上）科学绝对被等同于技
艺，参见 Paul Feyrabend, Wissenschaft als Kunst, 1984, bes. S. 17ff.

〔39〕 Friedrich Carl von Savigny, System des heutigen Römischen Re-
chts, Erster Band, 1840, Erstes Buch, Kap. IV, § 32 (S. 211). 关于冯·
萨维尼那时和现在的解释论，参见 Ulrich Huber, Savignys Lehre von der
Auslegung der Gesetz aus heutiger Sicht, in: JZ 2003, S. 1ff.

〔40〕 这段引文接下去是："具有判断力的解释者鲜有强烈的愿望去
攀登冷冰冰的、索然无味的理论高峰，这可以在歌德那里得到确认，后
者可以免受认知批判情绪的干扰：

和理论的美学家的猜疑也可以被表述为："无论裁判与技艺如何结合，都不关理论（家）的事。"

h）拒绝反思者的声音：自我观察是一种病症

（4）另一种不能在反理论倾向的合奏中缺席的声音要归于那些人，他们为了照料法律科学的健康，想要挡住理论化的趋势。没有人像古斯塔夫·拉德布鲁赫那样弹奏出了理论批判的乐曲，因为他说出了这样的警告："就如纠缠于自我观察的人大多是有病的人，明确意识到其自身方法的学科也通常是有病的学科；健康的人和健康的学科通常不怎么了解自己。"[41]据此，健康的自我理解更多是建立在富于创造的直觉而非理性反思的基础之上。

'你是如何完成工作的？

他们说，你完成得很好！

我的孩子！我聪明地做好了它。

我从来没有想过（如何）思考。'"

[Insensee, Arbeiter（前引脚注 36），S. 42，该处援引了 Johann Wolfgang von Goethe, Zahme Xenien, in: ders., Werke, Ausgbe letzter Hand, Bd. 47, 1833, S. 253.]

〔41〕 Gustav Radbruch, Einführung in die Rechtswissenschaft, 12. Aufl., 1969, S. 253.

3. 理论是我们的宿命！怀疑论 而非对理论的怀疑

鉴定结果：法理论遭到了质疑，遭到了巨大的象牙塔式的质疑。对于社会功利主义的时代精神，汉斯-格奥尔格·伽达默尔（Hans-Georg Gadamer）简要且正确地诊断道："理论必须在实践的论坛前为自己辩护。"[42]去检验前面提到的那些怀疑要素的承受力或许是个具有诱惑力的冒险行为，例如抛出这样的问题：这些声音合起来是相互补充、相互矛盾还是相互中和的？它们是能融合为一曲交响乐，还是由于声调不和谐而必须被严厉谴责为一堆杂音？但下文并不选择走这条路子。对法学中独立理论之本质与价值的批评——首先——固然有其合理性，但即便在此前提之下，法理论之必要性也不能从根本上被怀疑。对此将在后面再来作进一步的证立和证明。在这里作三点简短的提示就足以说明法理论是不可放弃的，也是不可避免的：

首先，理论是必要的，因为（只要）法学的科学性依赖于对受方法引导之反思的最低条件的满

---

〔42〕 Hans-Georg Gadamer, Lob der Theorie (1980), in: ders., Lob der Theorie, 1983, S. 26 (38).

足。[43]如果不彻底否认法律科学的学术地位的话,那么就有很好的理由不将［作为法学核心(子)学科之一的］法理论从法学学科名录中删掉。

其次,伊曼纽尔·康德(Immanuel Kant)在他的小册子《论俗语:这在理论上可能是正确的,但不适用于实践》中,早就不建议将抛弃理论作为对糟糕理论的补救措施。完全相反:"如果说理论对于实践作用很小的话,那么责任并不在于理论,而在于人们**没有**从经验中习得**足够的**理论"[44]。不是更少的理论,而是更多和更好的理论——这就是康德的建议,即便在两百多年后我们也没有什么理由偏离这一建议。

最后,为了为哲学存在的合理性进行辩护,卡尔·莱蒙德·波普(Karl Raimund Popper)运用了不可避免论据:"所有人都有某种哲学,无论他是否认

---

〔43〕 对此最新的文献参见 Jan C. Schur, Rechtsdogmatik als Wissenschaft. Rechtliche Theorie und Modelle, Diss. iur. Erlangen 2005, passim, bes. S. 9ff. (Lit.) 作为补充可参见 R. Dreier, Allgemeine Rechtstheorie (前引脚注 10) 及其他各处。

〔44〕 Immanuel Kant, Über den Gemeinspruch: Das mag in der Theorie richtig sein, taugt aber nicht für die Praxis (1793), in: ders., Werkausgabe XI, hrsg. Von Wilhelm Weischedel, 3. Aufl., 1981, S. 125 (127——强调为原文所加)。

识到这一点。"[45]我的另外一个相应的辩护来自于法律实践和法律科学领域中方法以及作为其基础的理论的自我主张，正如关于解释者之前理解的讨论[46]早在数十年前就已经明确地认清了理论逃逸者的面目：所有的法律适用者和法律科学家都拥有某种法律（学）方法和法律（学）理论，他们依此来采取行动，无论他们自己是否承认，也无论人们是否将它称为"前理解"。故而理论是逃脱不掉的命运。因此，问题不在于在拉德布鲁赫所给出的理论和非理论、反思和直觉之间二选一，而更多在于是否公开导控思维与行为的理论草案，也即是在有意识的，因而是可讨论的理论和无意识的，因而是（在这个词的多重意义上）不可讨论的理论之间二选一。此外，假如不公开通过实践获得的结论并在商谈中对

---

〔45〕 Karl Raimund Popper, Logik der Forschung, 9. Aufl. ,1989, Vorwort zur dritten deutschen Auflage, S. XXV；这段引文接下去说道："虽然我承认，我们的这些哲学全都不是很有价值，但它们对于我们思维的影响和行动是非常可怕的。因而有必要**批判性地**来研究我们的哲学。**这是哲学的任务**，对哲学的辩护也在于此"（同上引——强调为原文所加）。这一观点在相应的语境中也同样为 R. Dreier, Allgemeine Rechtstheorie（前引脚注 10），S. 32f. 所援引。

〔46〕 关于"冲突情境中包含决定的前理解"（其中包括法律适用者的"规范审查"）的一本指引方向的著作，参见 Josef Esser, Vorverständnis und Methodenwahl in der Rechtsfindung, 1970, bes. S. 133ff.（所引的表述在第 136 页，在同书脚注 67 中援引了汉斯-格奥尔格·伽达默尔"应用性前理解"的说法）；对于宪法解释来说富于教益的文献参见 Alexander Schmitt Glaeser, Vorverständnis als Meothode, 2004.

此进行追问，大多时候甚至都无法对它们加以有意义的讨论。[47]

因此，下文的考量不会追随对理论加以彻底怀疑的路子，而毋宁说将加入对法的怀疑论的阵营之中。首先，要对理论-实践问题作一些引导性的评论，看它是如何在法学中以及针对法学所展现的（下文第 II 部分）。继而，要（好像是在主体部分中）对这一命题展开讨论，即法理论的鹄的（它存在的合理性与效用）在于保护法律（学）的固有法则（对此参见第 III 至第 V 部分）。

---

〔47〕 例如赫尔曼·黑勒（Hermann Heller）的这一提示的意思也是相同的："如果人们已经对于基础性前提取得了一致观点，对结论进行争议就没有科学意义了"（Staatslehre，1934，S. 30f.）。

II.法学（中）的理论-实践问题

1. 位于实践科学与精神科学之间的法学

如果加入我们的考量无疑也是理论-实践问题的一个变种的话，那么就有理由来指出，彼此相悖或也是互补的概念对——（法）理论与（法）实践——在法学中指称一种**特殊的**理论-实践关系，为此理论-实践的一般性商谈的命题在许多方面需要被修正。[48]

例如这里所说的法理论指的就不是与法律适用意义上的法实践相对立或相补充的概念。毋宁说，作为从观察者视角出发的法学上分析性的反思学科，法理论既与——按上述意义上来理解——法实

---

〔48〕 暂时只需来看看问题史的概览：Roland Dubischar, Theorie und Praxis in der Rechtswissenschaft, 1978；作为补充可参见 Kriele, Rechtsgewinnung（前引脚注23），S. 37–46.

践相对，又正好与操持法律适用相关工作的法学（它以法律方法论为基础，使用"法教义学"之名）相对。[49]正是与后两者——法律方法论与法教义学——之间的关系构成了这样一种紧张关系，它与法学潜在对立的自我理解相关：一方面是作为实践性的、应用性科学的法学，另一方面是作为精神科学的法学。

进一步的讨论将面临这样的问题，即在习惯上，无论是法律（学）"理论"这一谓词还是法律（学）"实践"这一谓词都——至少——在两种各不相同的意义上被使用。这需要被讨论，尽管是以木刻画般粗糙的方式。

2. 理论的双重概念：观察者的理论与参与者的理论

无论是法理论还是法教义学和法律方法论都能以各自的方式被称为实践的对应物，都被称为理论。但如果说对法律创设的实践进行反思的法**教义学者**和法律**方法论学者**涉及的是"内部立场"，如同（或

---

〔49〕 与此相同的观点例如参见 Jürgen Schmidt, Die Neutralität der Rechtstheorie gegenüber der Rechtsphilosophie, in: Rechtstheorie 2 (1971), S. 95（尤其是命题1）.

者也作为) 法律获取过程的参与者般将法作为自身行动的拘束性标准, 追求的是一阶法律 (学) 理论的话, 那么法**理论家**就持有 "外部立场", 从这一立场出发可以来观察法——此外也观察法教义学和法律方法论! ——的运作方式。[50]由于法理论缺乏与适用的 (直接) 关联, 这一立场不以对 (现行) 法的接受为前提, 它折射出了一种二阶法律 (学) 理论的底色, 即一种法律科学上的元理论。[51]如果说前两者 (法律方法论与法教义学) 涉及——适用导向的——**参与者**理论的话,[52]那么后者 (法理论) 涉及的就是——反思导向的——**观察者**理论。为了刻画出这两个理论变种的特征, 借助于来自一般科学理论的概念对——实用知识与导向知识——是有益的 (尽管有所保留): 实用知识致力于如何达成事

〔50〕 与此相同的观点例如参见 Rüthers, Rechstheorie (前引脚注6), Rn. 22: "法理论如同一位中立的观察者那般从外部来研究法律适用的运作。"

〔51〕 关于这种二分式的范畴的基础文献, 参见 Herbert Lionel Adolphus Hart, The Concept of Law (1961), 10. Aufl. , 1979, S. 86ff. ; 晚近的文献有: Rainer Lippold, Recht und Ordnung, 2000, 尤其是第 52 页及以下, 也可见第 266 页及以下, 尤其是第 268 页及以下。

〔52〕 也可参见 Rüthers, Rechstheorie (前引脚注6), Rn. 21: "法理论是一种元教义学"以及 Rn. 993: 法学方法论是 "实践性法律适用的理论"。其他文献参见 Gerd Roelecke, Theorie und Philosophie des Rechtes (1987), in: ders. (Hrsg.), Rechtsphilosophie oder Rechtstheorie? 1988, S. 1 (23); Hasso Hofmann, Rechtsdogmatik, Rechtsphilosophie und Rechtstheorie, in: Festschrift für Gerd Roellecke, 1997, S. 117 (125-129).

先确定的目标，主要由法律方法论和法教义学来产生，而导向知识勾勒某种秩序观点，为的是能确定要达成的目标，更多是由法理论来呈现的。

当下文谈及法的理论甚或法律获取理论——作为涉及广义上获取（法的创设、变更、认知和操作）之特殊性的法理论的一部分[53]——时，指的都仅仅是在狭义上、以传统的方式与"法理论"这一学科名称相联结的理解，即指的是从观察者视角出发的法律（学）的反思性学科。[54]

3. 实践的双重概念：法律制定的
实践与法律适用的实践

由此就导向了实践的双重概念：当法实践通常被理解为法院的法律适用，[55]或在不那么常见的情况下被理解为全部执法机关尤其是行政机关的法律适用时，这并不仅仅是一种无关紧要且无害的谈话

---

〔53〕 我在以前的文献中曾宽泛地同时用，甚至首先用法律获取**理论**来指法律**方法论**或法律获取的**方法**，因而至少在很大程度上将它与方法论等同〔尤其参见 Jestaedt, Grundrechtsentfaltung（前引脚注30），S. 3, 5, 205〕，但我现在不再那么认为了。下文所阐述的意义与此大不相同。

〔54〕 关于在此作为基础的对法理论的理解，参见下文 III. 1，第70页及以下。

〔55〕 作为代表只需参见 Ludwig Raiser, Rechtswissenschaft und Rechtspraxis, in: NJW 1964, S. 1201ff.

方式，完全相反，它是一种意味深长的证明。在这种（很大程度上也是惯常的）概念理解中，法实践限于法律施行（的实践）。与"理论"法学相对的"实践"至今依然主要指的是法官的活动；法律科学首先要与其进行对话，法学主要为其发展出方法论和教义性的概念。[56] 有鉴于法律人一如既往地完全以法官为中心的学术训练，这点没什么好奇怪的。只是与行政机关和立法者的对话同时在缓慢地不断地加强，因而对法实践之理解的扩张自然（依然？）没有止住步伐。

这种狭义的，最终被还原为法律施行的法实践观点要归因于作为传统法律获取和方法理解之基础的一组对立，即一方面是法律制定甚或法律创设，另一方面是法律适用甚或法律施行。法律制定和法律适用之间绝对的、法律上根本的对立，当然只有在以将法律规范的概念还原为制定法，[57] 因而将法律制定的概念还原为立法为基础的情况下才能被证

---

〔56〕 因此，法学方法论主要（不少时候也仅仅）被理解、表述和处理为**制定法**（包括宪法）解释学；进一步参见下文 IV. 3，第 108 页及以下。

〔57〕 就此而言，上面所主张的法律制定和法律适用之间的法律根本性对立会产生一个继发性问题：立法的对象指的仅仅是形式意义上的制定法，还是——就如在今日之法律渊源学说中很大程度上习以为常的——也包括实质意义上的制定法，尤其也包括法规和规章在内？

立：只有制定法才是（法律）规范，只有立法才是
法律制定或者法律创设（两者含义相同）。与此相
反，行政和司法只是说出了已经——即由制定法
（甚或宪法）所确立的——是法的东西；司法判决
和行政行为本身都没有规范的性质。[58] 相应地，法
院裁判和行政行为在传统法源学说中没有地位。[59]

---

[58] 关于司法裁判，在众多文献中可参见 Eduard Picker, Richter-
recht und Rechtsdogmatik - Alternativen der Rechtsgewinnung? in: JZ 1988,
S. 1, 62（72）；关于行政行为有代表性的文献参见 Hartmut Maurer, Allge-
meines Verwaltungsrecht, 15. Aufl. 2004, § 4 Rn. 1ff., bes. 1 und 4（"法条
对应于法的渊源。法律规范是具有普遍拘束力的规定，即普遍-抽象的
规定，它们证立、变更或废止着公民或其他独立之法人的权利和义
务。"），以及 § 9 Rn. 42 ["行政行为——如同判决一样——是一种法律
认知行为，因为它确定在个案中什么是合法的"（强调并非原文所加）].
这种限于抽象-普遍之法律规范的规范概念同样以所谓**规范**审查的实在
法规定 [《德国基本法》第93条第1款第2项和第2a项（抽象规范审
查）和第100条第1款（具体规范审查）] 为基础；随着这种实证化，
（所谓的）法律本质性概念自然会突变为一种法律内容性概念 [关于法
律本质性概念与法律内容性概念的区分，参见 Felix Somló, Juristische
Grundlehre, 1917, § 10（S. 26ff., bes. 27）；Hans Kelsen, Allgemeine Sta-
atslehre, 1925, S. 18f. m. 375 u. ö.；Adolf Julius Merkl, Allgemeines Verwal-
tungsrecht, 1927, S. 290ff. 及全文各处].
[59] 在众多文献中只需参见 Fritz Ossenbühl, Rechtsquellen und Re-
chtsbindungen der Verwaltung, in: Hans-Uwe Erichsen/Dirk Ehlers（Hrsg.），
Allgemeines Verwaltungsrecht, 12. Aufl. 2002, §§ 5 und 6；Matthias Ruffert,
Rechtsquellen und Rechtsschichten des Verwaltungsrechts, in: Wolfgang Hoff-
mann-Riem/Eberhard Schmidt-Aßmann/Andreas Voßkuhle（Hrsg.），Grundl-
agen des Verwaltungsrechts, Bd. 1, 2006, § 17 Rn. 23ff., 30ff. 我们没法说
明，为什么虽然司法认知本身并不能被算作是法律规范和法的渊源，但
长久以来所谓的法官法在法源学说中就有其祖传的位置。关于法学教义
学的法源性质，参见下文 IV. 4, 第115页及以下；关于法的（创设）渊
源与法的认知渊源之间的区分，参见下文 IV. 2. a, 第99页及以下。

不考虑它几乎未被打消过的广泛影响力，法律规范与法律（规范）制定的这种双重命题大体上还是可靠的——当然大多数时候是在概念法学和建构法学涵摄实证主义的层面上说的。因为它以没有人再去严肃考虑的东西为前提（如果人们相信方法论信念的话）：因为法律适用——在法律施行的意义上——穷尽于一种认知的-逻辑的-演绎的操作过程，借助于它只需用语言表达出制定法中针对待决个案已然包含之法律后果的规定即可；法官在此——与行政官员别无二致——作为忠实的法律喉舌起作用，不那么傲慢的说法是：作为"涵摄机器"[60]起作用，它在熟悉被制定法完全确定下来了的裁判计划后只需"吐出"个案裁判即可。[61]

---

〔60〕 关于其概念和内涵，参见 Regina Ogorek, Richterkönig oder Subsumtionsautomat? 1986, 全文各处，尤其是 S. 292ff.

〔61〕 经典段落参见："**法律裁判**就是将某个既有的构成要件涵摄于现行法之下，如同所有的逻辑推论一样，它独立于意志；不存在是否应当得出推论的裁判自由；它产生于——就像人们所说的——自身，具有内在的必然性。有权发布裁判者承担着查清事实的任务，在确定事实时他被赋予广泛的裁量余地；但对事实的塑造毕竟不取决于他的意志，相反，他要这样以之为基础，他要展现它，他要在其精神中将它作为既存之事来复现。同样地，客观法（逻辑大前提）可能会赋予法官宽泛的裁量性权力，规定他要顾及衡平，委托他作出专断的裁判。尽管如此，法官要使之生效的不是**他的**意志，而是客观法的意志；他是法律的喉舌；他并不能创造大前提，他只能事后将它作为某种在他之上的权力……无论是由"法院"还是由"行政机关"来作决定，这都完全是一样的"（Paul Laband, Das Staatsrecht des Deutschen Reiches, Bd. II, 5. Aufl. 1911,

早在前面表述过的、主要受法社会学启发的自由法学派〔62〕和法律现实主义〔63〕的反对意见看来，概念法学的（司法的）法律（获取）模式就深陷泥足了；尤其是根据纯粹法学说提出的关于法律（获取）秩序之二分式分工结构的观点——就此而言，这

S. 178——强调为原文所加）。不可忽视，这与孟德斯鸠（Montesquieu）的司法理论中关于法官的形象接近。根据孟德斯鸠的观点，法官是"没有生命的存在"，只是"说出法律话语的嘴巴"，司法裁判"只能说出法律明确的文本"，"裁判的权力……在某种意义上是不存在的"〔全部引自 Montesquieu, De l'esprit des lois（1748），1834, Bd1, 11. Buch, 6. Kap. , S. 297, 300, 305〕〔对此参见 Jestaedt, Grundrechtsentfaltung（前引脚注30），S. 309ff. 〕。

〔62〕 只需参见 Eugen Ehrlich, Freie Rechtsfindung und freie Rechtslehre, 1903；Ernst Fuchs, Schreibjusiz und Richterkönigtum, 1907；Hermann Kantorowicz（以 Gnaeus Flavius 为名匿名发表），Der Kampf um die Rechtswissenschaft, 1906；Philip Heck, Gesetzesauslegung und Interessenjurisprudenz（1914），in: ders. , Das Problem der Rechtsgewinnung–Gesetzesauslegung und Interessenjurisprudenz–Begriffsbildung und Interessenjurisprudenz, 1968, S. 46ff. ；dens. , Das Problem der Rechtsgewinnung, 1919；Hans Reichel, Gesetz und Richterspruch, 1915；Hermann Isay, Rechtsnorm und Entscheidung, 1929. 之前已具有指引方向的著作参见 Oskar Bülow, Gestz und Richteramt, 1885；对当时主流司法理论的既机敏又刻薄的批评，也可参见 Carl Schmitt, Gesetz（前引脚注27）。

〔63〕 主要代表及主要著述参见 Oliver Wendell Holmes, Jr. , The Common Law, 1881；ders. , Path of Law（前引脚注11），S. 457ff. ；John Chipman Gray, The Nature and Source of the Law, 1909；Karl N. Llewellyn, A Realistic Jurisprudence–the Next Step, in: Columbia Law Review 30（1930），S. 431ff. ；ders. , The Bramble Bush, 1930；Jerome Frank, Law and the Modern Mind, 2. Aufl. , 1963（1. Aufl. , 1930）. 也可参见由威廉·M. 费舍尔三世（William M. Fisher III）、莫顿·J. 霍维茨（Morton J. Horwitz）和托马斯·A. 里德（Thomas A. Reed）编辑出版的那本杰出的选集《美国法律现实主义》（1993 年版），一份非常有价值的书目，第319 页及以下。

两者构成了核心定理：法秩序的阶层构造[64]和"法的双重面向"[65]——它在（法）理论上同样是错误的：制定法决不能在一个分工运作的法秩序中提出某种独特性的主张，根据实在法，它只是法律具体化和个别化过程中的一个——尽管是无比重要的——流程阶段而已；在它"之上"宪法[66]引导着法律创设的过程，在它"之下"法规与规章、行政条款与行政行为、司法裁判和执行决定、单向和双向的私法行为以及许多其他法源都在不同程度上创设着法律后果，故而它们都是——有时是更加抽象-一般的，有时是更加具体-个别的——法律规范。[67]每个法律

---

〔64〕 关于法秩序之阶层构造的引领性著作参见 Adolf Julius Merkl, Prolegomena einer Theorie des rechtlichen Stufenbaues（1931），in: ders., Gesammelte Schriften, Bd. I/1, 1993, S. 437（464ff., 480ff.）；Hans Kelsen, Reine Rechtlehre, 2. Aufl., 1960, S. 228ff.

〔65〕 关于"法的双重面向"的开创性著述参见 Adolf Julius Merkl, Das doppelte Rechtsantlitz. Eine Betrachtung aus der Erkenntnistheorie des Rechtes（1918），in: ders., Gesammelte Schriften, Bd. I/1, 1993, S. 227ff.；同样可参见 dens., Das Recht im Lichte seiner Anwendung（1916/1917/1918），ebd., S. 83ff. 论及法律获取如同雅努斯之脸的文献参见 Jestaedt, Grundrechtsentfaltung（前引脚注 30），S. 287ff., bes. 307–320 及其他各处。

〔66〕 有时还有其他法源，如国际法的一般规则（根据《德国基本法》第 25 条），或者原则上来说甚至包括位于联邦宪法之前的共同体法。

〔67〕 在此意义上已可参见 Hans Kelsen, Reine Rechtslehre, 1. Aufl., 1934, S. 49f.（针对司法）以及 80f.（针对行政）；ders., Reine Rechtslehre, 2. Aufl.（前引脚注 64），S. 238, 尤其是 242ff., 247ff.（针对司法）以及 266ff.（针对行政）。为"扩张"传统的法源学说前后一致地进行辩护的著述，参见 Joachim Vogel, Juristische Methodik, 1998, S. 41f.（明确援引了汉斯·凯尔森的论述）。

规范的存在（这等同于说，每个法律规范的效力[68]）
都基于这种一贯的实在法条件结构之上：当且仅当
一个法律规范满足了由既存法律规范规定之生成条
件时，这个法律规范才算形成。具体的条件关系在
实在法上与一个阶层式的法律创设脉络相关，[69]在
其中被限定的规范**相对于**限定它的规范来说构成了
法律适用的要素，相反，限定性的规范相对于被限
定的规范则获得的是它法律**制定**的面相。由于以阶
层方式自我实施的法律个别化过程构造自那类条件
关系的相互排列，所以法律制定与法律适用的对立
虽然倍增了，却也由此被相对化了：在**每一个**法律
个别化的阶层之上——有两个例外，一个是最高阶
层的、历史上第一部宪法，另一个是最低阶层的、

---

〔68〕 基础性文献参见 Kelsen, Riene Rechtslehre, 1. Aufl. （前引脚
注67），S. 7, 22 u. ö.；ders., Allgemeine Theorie der Normen, 1979, S. 2,
3, 22f., 39, 136f., 139, 167f., 171；对此参见 Gabriel Nogueira Dias, Re-
chtspositivismus und Rechtstheorie, 2005, bes. S. 216ff., 246ff., 以及
275ff. 只是为了避免可避免之误解，在讨论中要明确，这里指的理所当然
不是被还原为**实际有效的**法［关于这一问题参见 Schuhr, Rechtsdogmatik
（前引脚注43），S. 10ff. 和21ff.］；法的效力可以被设想和模态化为当下
的、过去的或未来的法的效力。

〔69〕 清楚地来看，这涉及的不仅是一个唯一的阶层构造，而是两
个：一个是创设脉络的阶层构造（**谱系式的**阶层构造），另一个是毁损条
件或无效条件的阶层构造［**价值论的**阶层构造；关于两者更细致的区分参
见 Jestaedt, Grundrechtsentfaltung（前引脚注 30），S. 300ff. 及其他各处］。
因为这里与两者的区分无关，所以在后文中统一称为法秩序的阶层构造。

事实上的实施行为[70]——都既有法律制定，也有法律适用。一个规范创设行为（除了历史上第一部宪法这个例外）**总是两者合一的**，尽管两者理所当然不是位于同一个条件关系之中。就此而言，每一个规范创设行为都具有——用这一脉络之发现者阿道夫·尤里乌斯·默克尔（Adolf Julius Merkl）的形象表述来说——"法的双重面相"。规范适用者——无论身处哪个阶层[71]——都总是要承担双重角色：从上位阶的规范来看，他作为规范适用者或"规范领取者"起作用；但从下位阶的规范来看，他作为规范制定者或"规范给予者"起作用。[72]

因此，有鉴于法以阶层的方式个别化与具体化，在立法者的法律创设行为与司法或行政官员在具体情形中的法律创设行为之间不存在法律获取结构上的差异：考虑到限定它的规范层级，即宪法，立法同样构成了法的适用；对它来说如此典型的法律制定的性质"只有"考虑到被它所限定、依赖于制定法的法的个别化行为时才可归属于它。相反，"只有"

---

[70]　有鉴于事实上的实施行为——即事实上对实施的执行——本身既不是法的根据，也不构成其他层级的法的根据，换言之：不创设任何法，可以怀疑道，它究竟还是不是法律具体化和法律个别化过程的组成部分。

[71]　除了前面提到的例外。

[72]　概念借用了 Rudolf Bierling, Juristische Prinzipienlehre, Bd. IV, 1911, §53, 3. (S. 209f.).

考虑到限定它们的规范层级，即宪法和制定法，司法甚或行政（行为）才是法律适用；相反，考虑到被它们限定的法的个别化行为，即联系（法院或行政的）实施行为，司法和行政同样在制定法。[73]故而立法权与法律施行权之间的差别并不在于各自法律获取的结果，而一方面在于限定性法条的宽度与浓度，另一方面在于法律制定行为的对事和对人效力范围——一边在原则上是抽象-一般的，另一边通常只是具体-个别的。[74]对于私人的法律制定和法律

---

〔73〕 与此观点一致的文献可参见 Adolf Julius Merkl, Gesetzesrecht und Richterrecht（1922），in：ders.，Gesammelte Schriften, Bd. I/1, 1993, S. 317（325f.——强调为原文所加）："所有形式的判决都是创造性的，所谓的**宣告性判决**不比**构成性**判决的创造性来得小，因为它总必然是某个抽象规范之**具体化**的功能……因为进而它通常规定了某个一般性规范之**个别化**的部分功能。考虑到其法律创造性的功能，在判决以及与判决同阶层的法律适用行为之间只存在程度性的而非本质的差别。"更成熟的表述还要参见 Kelsen, Reine Rechslehre, 2. Aufl.（前引脚注 64），S. 237："一般性法律规范的创设同样是对宪法的适用，就如法院和行政机关对一般性法律规范的适用也是在创设个别法律规范那样。"

〔74〕 当对这一命题——司法同样在制定法——提出批评时，没有充分考虑到：这里涉及的是两个彼此**独立的**协调系统——一个是法理论上测定的法律获取的结构，另一个是依赖于实在法的依据功能和法律创设层级来认定的独特的法律创设过程，因为这一命题包含着这样的观念，即"司法机关像立法者那样在制定法，两类情形中涉及的是相同的现象、相同的过程"[但这篇文献就如此认为：Ralf Poscher, Rechtsprechung und Verfassungsrecht, in：Wilfried Erbguth/Johannes Masing（Hrsg.），Die Bedeutung der Rechtsprechung im System der Rechtsquellen：Europarecht und nationales Recht. XIII. Deutsch – Polnisches Verwaltungskolloquium 2003, 2005, S. 127（130f.）]。正如十分正确也毫无争议的是，基于实在法的塑造而不同的功能和制度、正当化依据和方法，立法者和法官（其他也

适用而言同样如此。[75] 因而法律制定与法律适用之间的区别在结构上并非绝对的、法律上根本性的对立，而只是一种相对的、在法律内容上按程度

包括：部门领导、行政官员，最后甚至还包括私人法律制定者）是以**不同的**方式造法的，我们也不能由此认为，只要上述主体都在造法，他们就必须**毫无差别地**为其创设法律的授权举出法律上的证明——即关于在范畴上有别于认知法律规范之能力（而非：授权！）的法律权力的证明。就此而言，要区分"法教义学上的法律生产与法政策上的法律生产"（见 Poscher, a. a. O., S. 130ff，所引的表述在第 150 页）这一建议在此所掩盖的东西要多于它可以去澄清的东西（补充性的论述参见下文脚注189）。

[75] 将私法行为解释为"创设法律之构成要件"的引领性文献，参见 Kelsen, Reine Rechtslehre, 2. Aufl.（前引脚注 64），S. 261f.："由于法秩序将法律行为作为创设法律之构成要件，它就授权守法的个人，在一般性的、通过立法或习惯来创设之法律规范的框架内用规范（它是以法律行为的方式来创设的）来调整相互间的关系。"习惯上与此相对，通常作为参考标准被援引的来自 Fritz Ossenbühl, Gesetz und Recht - Die Rechtsquellen im demokratischen Rechtsstaat, in: HStR III, 2. Aufl., 1996 (1. Aufl., 1988), § 61 Rn. 46f. 这部作品的阐述，它在"私人法律制定"这个关键词中只涉及（多少有些）抽象一一般性的劳资协议和经营合同、一般交易条款和私人社团所制定的技术规则。尽管例如私法上的合同无疑只有在遵守国家制定法（如《德国民法典》）所设立之前提，如形式要求、不存在意思欠缺及其类似情形的条件下才能形成，但私法上的法律行为，也即是私法上的法律规范的限定条件通常无法为**国家的**法律条文所恰当反映。依据这里并**不赞同**的许多人的观点，私人自治的定理与这一假定相对，私法行为的完成——即私人和私人间的法律规范制定——在法律获取理论上不外乎是国家委托的法律制定。为了对抗可以避免的误解，要说明的是：由于基本权利的存在，国家（以立法者的面貌出现）并不可以任意授权私人进行私法制定；但这并不能改变，从国（内）法秩序的角度来看，只有当私人的行为满足了**国家法**针对私法规范之形成所规定的条件时，它们才能被承认具有私法行为的性质。

有所不同的对立而已。[76]

因为这样的认识具有划时代的意义，即原则上在法秩序的所有阶层上，法同时被制定和适用，故而就没有正当理由将所有其他国家权力——甚至包括私人的法律创设——的创设法律的活动排除在法实践的概念之外。因此在后文中，法实践要被理解为私人和公共法律实体的全部法律创设活动。[77]

---

[76] Kelsen, Reine Rechtslehre, 1. Aufl.（前引脚注 67），S. 82f. ; ders. , Reine Rechtslehre, 2. Aufl.（前引脚注 64），S. 239-242.

[77] 除了前面谈及的狭义和广义的对法实践的理解外，当然还可以考虑其他对于实践的理解；尤其是可以将法律**创设**（法律制定）的实践与法律**认知**（法律解释）的实践区分开来。

III. 作为法律（学）[78] 之固有法则理论的法理论

❧

1. 法律（学）之固有法则作为法理论的鹄的

在各种情境中谈及"这一"法理论之后，是时候来阐明它的概念、对象、地位和功能了。有鉴于现在不仅缺乏某种关于法学学科领域内各具体（分支）学科之差别与分类值得一提的（学科内部的）讨论，[79] 而且（甚至）不存在一种被普遍认可

---

[78] 当这里称为 "*juridische* Eigengesetzlichkeiten" ［考虑到该词所指的双重含义，中文版译为 "**法学（律）的**固有法则"］，而非 "*juristische* Eigengesetzlichkeiten"（**法律的**固有法则）时，从术语上就已经表达出，并非所有被如此称呼的固有法则本身都直接关涉法（而是部分"只"关涉法律科学），甚或自身具有法的性质（而是部分只是将法作为其认知的对象）。

[79] 参见前文脚注 6。

的关于法理论的理解与概念，[80]这么做就显得更加
重要了。后者并不令人感到惊讶，因为人们关于法
理论的理解在很大程度上依赖于人们关于法的理
解。由于法概念的争议无法避免，所以很难就法理
论的本质和功能达成一致见解。所以这里只能粗线
条地勾勒出作为后文考量之基础的法理论的理解和
概念。

　　法理论是那种在规范科学上进行作业的反思性学

────────

　　〔80〕 关于法理论之地位定位的不一致，也可参见 Schmidt,
Neutralität der Rechtstheorie（前引脚注 49），S. 95ff.；Roellecke, Theorie
（前引脚注 52），S. 1ff.；Klaus F. Röhl, Allgemeine Rechtslehre, 2. Aufl.,
2001, S. 2ff. 及其证明；关于法理论之理解的精神史发展阶段，参见 Ro-
land Dubischar, Einführung in die Rechtstheorie, 1983. 与本书的概念理解
不同的观点，例如参见 Jan M. Broekman, Artikel "Rechtstheorie", in:
Joachim Ritter/Karlfried Gründer（Hrsg.），Historisches Wörterbuch der Phi-
losophie, Bd. 8, 1992, Sp. 342–352 及其他各处；Rüthers, Rechtstheorie
（前引脚注 6），Rn. 21（尤其参见 Rn. 47）将法理论界定如下："法理论
这一概念指的是以系统性的方式对法从整体上（通过所有其显现形式，
包括'法教义学'）加以观察、反思并获得可检验（＝可反驳）之知识
的努力。"同样可参见 R. Dreier, Allgemeine Rechtstheorie（前引脚注 10），
bes. S. 7ff 详细阐述，这本身当然包含着一种关于法理论的明确定义；
其他论述参见 Jestaedt, Grundrechtsentfaltung（前引脚注 30），S. 279f.
Fußn 1. 克劳斯·F. 罗尔（Klaus F. Röhl）试图将一般法学说确立为一
门"位于作为原本和狭义上之法理论的分析法理论与一种被扩张理解为
帝国主义式地将所有基础学科包含在内的法理论之间的"学科，对此参
见 K. F. Röhl, Allgemeine Rechtslehre, a. a. O., S. 4ff., bes. 5："我所理解
的一般法学说并非具有特殊方法和特别对象领域的独立科学学科，而是
一项教育性的事业。它是法哲学、法理论、法律史学、法社会学和比较
法学的折中混合，取向于满足于现行法打交道之需求"；它被有意识地
理解为方法上综合主义式的。

科，它的（首要的 [81]）对象或者说**实质客体**是作为规范性事实（而非社会性或物理性事实）的法，换言之：具有特殊法律存在方式的法，即具有效力的法。[82] 法理论的——在某种程度上构成其对象的 [83]——认知兴趣或者说**形式客体**指向对法的状态、构造、运作方式和获取的分析。就像已经讨论过的，[84] 这种分析是从观察者视角，而非像法律方法论和法教义学那样是从参与者视角出发的。它的目标

---

〔81〕 可以补充的是，法理论的次要对象是以教义学的方式来作业的法律科学本身；对此参见接下来的 III. 2，第 74 页及以下。

〔82〕 对此参见脚注 68。

〔83〕 这里所指的自然不是本体论上所理解的狭义认知对象的构成：方法无法产生对象。这种依赖性不如说是一种认识论上的依赖性：通过选择认知方法，也就确定了可能认知的方法和路向；通过选择方法也作出了这样的决定，即进入视野的（即你可以察知的）究竟是何种认知对象；阿道夫·尤里乌斯·默克尔将这一观点总结为如下贴切的公式："法律解释怎么样，法就怎么样"〔Adolf Juluis Merkl, Zum Interpretationsproblem (1916), in: ders., Gesammelte Schriften, Bd. I/1, 1993, S. 63 (77)；同样可见 Hans Kelsen, Der soziologische und der juristischer Staatsbegriff, 2. Aufl., 1928, S. 116（强调为原文所加）〕："认知客体的认同受到认知方法认同的限制！一个原则上有所不同的**观察方式**会导致某个原则上有所不同的**对象**。"在此意义上，形式客体限定着实质客体，认知的方法限定着它的对象〔对此参见 Oliver Lepsius, Erkenntnisgegenstand und Erkenntnisverfahren in den Geisteswissenschaften der Weimarer Republik, in: Ius Commune 22 (1995), S. 28f.〕。关于建立在此基础上的（认知）方法之对象充分性假定，参见 Jestaedt, Grundrechtsentfaltung（前引脚注 30），S. 269ff., 280ff. 及其他各处；ders., Wie das Recht, so die Auslegung-Die Rolle der Rechtstheorie bei der Suche nach der juristischen Auslegungslehre-, in: ZÖR 55 (2000), S. 133f.

〔84〕 参见前文 II. 2，第 58 页。

在于——观念性的——功能描述，而非在于——操作性的——行动指示，因而并不直接与适用相关。不同于法哲学（法理论与它分享着"纯粹的"观察者的地位，以及作为基础学科和基本问题学科的性质[85]），法理论上对法——更准确地说：对某个特定的法——的功能描述和分析并非服务于相关法的正当化甚或去正当化。按照本书的理解，法理论并不能提供关于现行法——在道德或政治上——是否正当或"正确"、是否值得遵守或应当被拒绝的命题，因为它是在法内运作的，而非借助于超越法的标准。[86][87]准确地说：它追问法的特点与运作方式，但却不对它们加以质疑。这种纯粹描述性-分析性的定位是它与它不一样的姊妹学科——法社会学[88]所

---

〔85〕 对此有代表性的文献参见 Martin Morlok，Was heißt und zu welchem Ende sudiert man Verfassungstheorie？1988，S. 44.

〔86〕 **就**法理论的概念**而言**，坚决持不同观点的参见 Rüthers，Rechtstheorie（前引脚注6），Rn. 24（及全文各处）："法理论也包括一种法的内容学说。它不限于对现行法进行确认，而也要去追问对正确的、正当的法的调查。"

〔87〕 关于法理论与宪法理论（或更确切地说，是基本权利理论）之间的区分［这恰恰涉及超越法（秩序）的标准问题］，参见下文 IV. 2. b，第103页及以下。

〔88〕 从学科史的角度来观察，法理论与法社会学——当然是很不一样的——姊妹学科，因为它们的形成和证成要归因于法律科学的同一个发展和分化过程。因而，绝非偶然的是，对19世纪后半叶在德国占据统治地位之概念法学和建构法学的为数不少的批评者——例如像欧根·埃利希（Eugen Ehrlich）、菲利普·黑克（Philip Heck）和汉斯·凯尔森——都既作为法理论家，也作为法社会学家来从事研究和发表作品。

分享的，但与法理论相对的是，后者并不以规范科学的方法来作业，而是——作为法学的经验性分支学科——定位为一种因果科学的做法。

恰恰是规范科学的分析性范式决定着法理论的特点和形式客体。因为它涉及——如果运用汉斯·凯尔森所铸造的一个概念的话——**法的"固有法则"**。[89]换句话说：法理论的鹄的是法的法性，是法律（学）的固有功能性与固有理性。[90]由此，法理论分享着"法的规范性基本假定"。[91]

2. 法的固有法则与法律科学的
固有法则

但如果人们进一步审视，就会认识到，法的固有法则并不能穷尽法理论的法益（假如人们能这么说的话）。当然，它标识着法理论思考的首要和原本的鹄的。但在这后边，所谓的第二梯队里，还隐藏

---

〔89〕 Kelsen, Reine Rechtslehre, 2. Aufl. (前引脚注 64), S. 111.

〔90〕 后文将在等义上来使用固有法则与自洽以及固有理性这些概念。

〔91〕 引文出自 Niklas Luhmann, Rechtssoziologie, 3. Aufl. 1987, S. 361；这篇文献更向向前迈了一步：ders., Selbstreflextion des Rechtssystems. Rechstheorie in gesellschaftstheoretischer Perspektive (1979), in: ders., AUsdifferenzierung des Rechts, 1999, S. 419 (446)：法理论是"一种体系性的系统理论，借此系统回应着其分化的变化"。关于此参见 Hofmann, Rechtsdogmatik (前引脚注 52), S. 128f. 及其他各处。

着另一种次要的、不独立的法益：**法律科学的固有
法则**，更准确地说，是那部分以规范科学-适用导向
的方式来作业的法律科学，尤其是法律方法论和法
教义学这两个分支学科的固有理性。这种（狭义上
的）法律科学的固有理性在法理论的视角之下运作，
从而也受到法理论的庇护，但却不是为了它自己。
只是因为法本身无法自我解释和适用，而（除了其
他条件外）需要法律方法论和法教义学提供的解释
性和适用性的现实化帮助，它才能得到庇护。[92]因
此，假如法律方法论和法教义学不合乎这种线人的
角色，并由此威胁到了法的固有理性，法理论就将
妨碍它们的主张。

这种通常没有被认清的[93]双重任务—— 一方
面，是确保法相对于法外现象（如政治、经济、宗
教）的独立地位，另一方面，是确保法学相对于相邻
学科（如国家学、警察学、社会学）的独立地位——
当然不是什么新鲜事物，它在 19 世纪与 20 世纪之交

---

〔92〕 这里同样显现出法受到关于其获取方法的限定，或者说前者
对于后者的依赖；对此更进一步的论述参见脚注83。

〔93〕 但清晰作出这种区分的是 Kelsen, Theorie der Normen（前引脚
注68），S. 124f. 及文末注 98 至第 278 页以下［指涉 Joseph W. Bingham,
What is the Law? in: Michigan Law Review XI（1912/13），S. 109ff.］，以
及第 179 页以下及文末注 156 至第 331 页以下（指涉 Rudof Stammler,
Theorie der Rechtswissenschaft, 1911）。

法理论形成和固化时就已经起影响作用了。[94]

这一粗略的说明已然澄清（尽管只是隐约地），恰恰要在法的自洽与法学的自洽间的区分和关联中——也可以表述为：在"规范的"（合法的）和"规范科学的"（法律科学的[95]）间的区分和关联[96]中——去求得这一问题的答案：法理论在何种意义上对于法实践是有用的？但在进一步展开这一点（见下文第IV和第V部分）之前，再来对法和法律科学的固有法则这一标识说几句是有益的。

〔94〕 有代表性的文献参见 Annette Brockmöller, Die Entstehung der Rechtstheorie im 19. Jahrhundert in Deutschland, 1997, bes. S. 183ff. 和 S. 238ff. 及其他各处。作为本书基础的关于法理论的理解已经意识到了它自身的历史性和偶然性；因而它只主张适用于当下的、从现代国家及其法为出发点的分化阶段。

〔95〕 这里所指的同样只是法律方法论和法教义学这两门规范科学-适用导向的分支学科。

〔96〕 缺乏区分的意味深长的表述（首先，但很多时候不仅仅）是科学学科与其所选择的对象之间在术语上的和；如果这样，就不该叫法律史（Rechtsgeshichte），而应叫法律史学（Rechtsgeshichts*wissenschaft*），不该叫法政策（Rechtspolitik），而应叫法政策学（Rechtspolitik*wissenschaft*）或法政治学（Rechts*politologie*）。但这种混淆现象绝不限于法学，而显然是历史科学与社会科学的一种十分典型的标识。在日常语言中特别经常出现的是"psychisch"（心理的）和"psychologisch"（心理学的），以及"moralisch"（道德的）和"ethisch"（伦理的）的混同（或者说等同）。

3. 法的独立地位与固有法则

由于法理论的鹄的在于法的固有法则，所以法理论首先必须指称一幅与规范性（！）现实，即具体实在法之法律创设多元论相符的现实主义图景。

因而最先和主要要拒绝前面已经谈到的[97]那种法律创设**一元论**的陈旧观念：法与制定法，或者在与现代宪政国家相适应的前提下，法与原本意义上的宪法完全相等同，制定法（或者尤其是宪法）与法是内在同一的；制定法和宪法的实施只是旨在思考已经预先被思考之事。[98]这种———一如既往地广为流传，如果不说一再占完全支配之地位的话——**静态的**、以将法（假想）作为处于休眠状态之制定

---

〔97〕 对此参见前文 II. 3，第 59 页及以下。

〔98〕 人们也可以将这种将制定法（无论是在形式的还是实质的意义上，无论是否包括宪法的形式）作为法的唯一渊源的做法标识为制定法唯我论（或宪法唯我论）〔对此参见 Jestaedt, Grundrechteentfaltung（前引脚注 30），S. 281ff. , 304f. ; ders. , Rechtsprechung und Rechtsetzung－eine deutsche Perspektive, in: WInfried Erbguth/Johannes Masing（Hrsg.）, Die Bedeutung der Rechtsprechung im System der Rechtsquellen: Europarecht und nationales Recht. XIII. Deutsch－Polnisches Verwaltungskolloquium 2003, 2005, S. 25（36ff. 和 66ff.）〕。制定法唯我论的全部变种典型地与法秩序之实质无漏洞命题以及一种"客观-演进式的"解释论携手而行。关于制定法唯我论的逻辑（它使得法律创设隐而不见，却同比例地使得法律认知大大膨胀），参见 Jestaedt, Rechtsprechung, a. a. O. , S. 66-68.

法或宪法为目标的对法的观察，[99] 要被一种对法的**动态**观察所取代，它将法解释为持续不断、自我导控的具体化和个别化的过程，在其特殊的创设脉络中来察知具体的法律规范。[100] 只有在这种动态观察方式的基础上，才能充分表达出法的固有理性的三个特征，即功能区分的复杂性、完全的实证性以及自我指涉性。[101] 对此要加以扼要的讨论。

---

〔99〕 对法的静态观察与一种所谓的动态的或"演进式的"解释论相关，后者将形式上不变的法视为内容上可变的——例如作为"活生生的工具"（欧洲人权法院在其判例中这样来称呼《欧洲人权公约》；有代表性的判例参见 EGMR, Urt. vom 25.4.1978, Tyrer, Serie A 26, Z. 31; Urt. vom 13.6.1979, Marckx, Serie A 31, Z. 41; Urt. Vom 9.10.1979, Airey, Serie A 32, Z. 26; Urt. Vom 29.4.2002, Pretty, RJD 2002－Ⅲ, Z. 54; 对此参见 Christoph Grabenwarter, Europäische Menschenrechtskonvention, 2. Aufl., 2005, § 5 Rn. 12ff.）。对此还可参见下文脚注 101。

〔100〕 更深入的阐述参见 Lippold, Reccht（前引脚注 51），passim, bes. S. 119ff., 445ff. 以及 515ff.（总结）。

〔101〕 关于现代宪政国家（例如德意志联邦共和国）中法的结构性特征，参见 Jestaedt, Grundrechtsentfaltung（前引脚注 30），S. 287－320 及其他各处。为了避免误解，要指出：对法的静态解释和动态解释之间的选择只是从表面看才是科学上说明和展示进展的问题。对法及其获取的静态或动态的模式化和展示应当何者优先，主要取决于认知对象本身的形式，即取决于实在法的具体结构和组织。法本身越是不对自身的创设和变更进行反思和调整，就越是必须将静态观察视为适合于对象［解释论就越是（具有交流通道意义上的）动态化］；这类法秩序或法律层级的例子有罗马法（《罗马天主教法典》及其相应被宽泛理解的、包含了"对法的法律真意解释""对法的法律惯常含义解释"以及"对法的学说解释"在内的解释论），在某种意义上也有国际条约，如《欧洲人权公约》（它终究也主张一种"演进性的"解释论；参见前文脚注 98）。反过来也是一样的：法越是广泛地将其创设和变更作为自我调整的主题，动态解释就越是适合于对象。

不管制定法（宪法与普通法）在我们的法秩序中拥有何种突出的地位，今日之法不能完全被理解为处于休眠状态的、静态的制定法形成和制定法实施的秩序。不如说，它展现为关于一个不断进行之法律具体化和法律个别化过程之结构的精致完美、纵横交错、高度复杂和功能分化的制度。这一过程（作为法律过程）完全按照实证化的规范创设权能和规范废除权能来施行，它们借助于不同的规格参数——尤其是借助于水平和垂直的（联邦）分权以及法源等级——被分配给无数国家和私人的法律创设者。

不同于法秩序整体，**个别的**法律规范事实上可能处于某种规范性静止状态，换种说法，这只不过意味着这一规范命令在内容上[102]未加改变地持续有效下去。只要法秩序所设立的法律上和事实上的改变条件——对于制定法而言，例如宪法规定或允许的由立法主体来修正制定法，或者通过宪法法院的司法裁判来废除制定法——没有得到满足，这种静止状态就会持续下去。[103]但作为处于某个创设脉络

---

〔102〕 顺便说一句：不仅仅是例如在其外部的文本表述上。

〔103〕 为了避免误解，要再一次回忆起，在文本中显示的抽象的法律修正（变更）结构同等适用于**所有的**法律规范，故而例如也适用于法规、行政条款、司法裁判、（私法）契约：因为既存的法只有通过新法的创设——可能是通过某个废除既存的法律规范的法律行为（如宪法法院的取消制定法的判决，或行政法院的废止行政行为的撤销判决）——

中之法律规范整体的法（或更好的说法是：具体的法秩序）无法被有意义地理解为一种静态的现象。因为静态学意味着没有法的修正（变更）。因此与法秩序相关的静态学不外乎意味着法律生产处于停滞状态：立法、（通过）行政、司法，也包括私人法律行为（来进行的法律制定）的不断积累的（原文如此！）停滞状态。然而，法律创制就如同它用以调控的社会关系一样，几乎不是静止的。

就像人们习惯于说的那样，无论何时在调控社会关系时，法都是自我指涉的。这意味着：法自身反映和规制着法的创设和变更。法总是只能按照法来形成和消亡；[104] 必要的搜索和停止规则是法律规

才能被改变，无论如何都需要有实在法的变更授权。**法律获取理论上的结构同一性命题**认为，为了改变或废止某个既存的法律规范，具体行动者终究需要获得可以被实在法所证明的授权。但这意味着，批评者和先行者〔最近的文献参见 Poscher, Rechtsprechung（前引脚注 74），全文各处，尤其是 S. 130ff.〕所忽略的，并**不是**这个——事实上错误的——命题，即实在法上关于变更和取消法的条件对于**所有**类型的法律规范而言（在程序、方法、正当化依据和内容方面）都可能是也必须是一样的。对此参见前文脚注 74。

〔104〕 关于"被制度化了的完全实证性"的概念与内涵，参见 Dieter Wyduckel, Normativität und Positivität des Rechts, in: Festschrift für Werner Krawitz, 1993, S. 437（444ff.，这一表述参见第 444 页）. 但对于现代宪政国家中法的完全实证性定理亦有批评，参见 Thomas Vesting, Gegenstandsadäquate Rechtsgewinnungstheorie-eine Alternative zum Abwägungspragmatismus des bundesdeutschen Verfassungsrechts? in: Der Staat 41 (2002), S. 73ff.

则本身。[105]与当下调控科学之争中的一个流行概念
"被规制的自我规制"[106]相反，人们可以将法刻画为
被自我规制的规制。或者用系统论的语言和范畴来
说：法拥有一种**自创生的**，即自我创设和规制之系
统的属性，它相对于它周遭的环境尽管是认知开放
的，但却是运作封闭的。系统的适应功能虽然在各
种情况下都由环境的影响来激发，但它们完全通过
系统自身的操作符，即依照系统自身设立的条件来
运作。[107]一种（法）"外部的结构决定因素"是被

---

〔105〕 关于"与不确定性打交道的搜索和停止规则"（当然不必然
涉及这些法律规则本身），参见 Hoffmann‐Riem, Methoden（前引脚注
31），S.63ff.（表述参见第 63 页）.

〔106〕 对此代表性文献参见 Wolfgang Hoffmann‐Riem, Öffentliches
Recht und Privatrecht als wechselseitige Auffangordnungen‐Systematisierung
und Entwicklungsperspektiven, in: Wolfgang Hoffmann‐Riem/Eberhard Schmidt‐
Aßmann（Hrsg.）, Öffentliches Recht und Privatrecht als wechselseitige Auf-
fangordnungen, 1996, S.261（300ff.）; Matthias Schmidt‐Preuß, Verwaltung
und Verwaltungsrecht zwischen gesellschaftlicher Selbstregulierung und staatli-
cher Streuerung, in: VVDStRL 56（1997）, S.160ff.; Udo Di Fabio, Verwal-
tung und Verwaltungsrecht zwischen gesellschaftlicher Selbstregulierung und
staatlicher Streuerung, ebd., S.235ff.; Martin Eifert, Regulierte Selbstregu-
lierung und die lernende Verwaltung, in: Der Verwaltung Beiheft 4, 2002,
S.137ff.; ders., Übergreifende Regulierungsstragien, in: Wolfgang Hoffmann‐
Riem/Eberhard Schmidt‐Aßmann/Andreas Voßkuhle（Hrsg.）, Grundlagen
des Verwaltungsrechts, Bd.1, 2006, § 19 Rn.52ff. 及其他各处; Andreas
Voßkuhle, Regulierte Selbstregulierung‐Zur Karriere eines Schlüsselbegriffs,
in: Die Verwaltung Beiheft 4, 2001, S.197ff.

〔107〕 代表性文献参见 Niklas Luhmann, Selbstreflexion（前引脚注
91），S.419ff.; dens., Das Recht der Gesellschaft, 1993, S.76ff.

禁止的。[108]最终涉及的不外乎是认知的一种现代适应能力，对此托马斯·霍布斯（Thomas Hobbes）早在1670年就在拉丁文版的《利维坦》中以格言般的简明扼要表达出了这样一个公式："……法律是权威，而不是真理"。[109]

由于伴随着法的自洽的还有其不断增长的错综复杂性，对法的导向知识和实用知识的需求和必要性也在不断增长，换句话说，对法理论的需求和必要性在不断增长。[110]

4. 法律科学的独立地位与固有法则

法的固有理性——它的动态性和功能划分，它的完全实证性和自我指涉性——对于法律科学之固有理性的存在和本质而言具有广泛的后果，因为法律科学，更准确地说，是以方法-教义学的方式来作

---

〔108〕 表述参见 Luhmann, Das Recht der Gesellschaft（前引脚注107），S. 50.

〔109〕 Thomas Hobbes, Leviathan, sive De Materia, Forma, & Potestate Civitatis Ecclesiasticæ et Civilis, 1670, cap. 26, S. 133. 不言而喻的是，由此通过这一概念表达出的法的自洽不得与法律人无所不能的幻想相混淆。更细致的阐述参见 Jestaedt, Grundrechtsentfaltung（前引脚注30），S. 293f.

〔110〕 在此意义上也可参见 Rüthers., Rechtstheorie（前引脚注6），Rn. 37ff., 43f.

业的法学从（现行）法中获得其存在和如此这般存在的正当性[111]。由于我们在后续的考量中还要对这一问题进行深入探讨，所以在这里只需提出两个彼此相近的关键词就足矣：

一方面，以受方法引导的教义学方式作业的法学，其独立地位要在学科**内**，也即法律科学**内部**功能秩序的框架中得到尊重。由于其认知兴趣和认知方法，以适用导向的规范科学为方向的分支学科，即法律方法论和法教义学，相对于其他分支学科，如法哲学、宪法理论、法政策学、法律事实研究、法伦理学和法律心理学，是自洽的。法律方法论或法教义学脉络对来自其他法学分支学科之方法、模式、论据和定理的继受必须按照法律方法论或法教义学的固有理性来进行。

另一方面，以适用导向的方式来作业的法律科学的自洽要在**跨**学科的，即跨越学科的合作框架中被彰显。在其他条件不变的前提下，这里的情形类似于学科**内**的相互关系：将相邻学科和陌生学科的知识包含进法律科学之中的过程完全是按照法学的

---

〔111〕 关于法律科学之固有法则相对于法的固有法则的非独立性和附属性，也可参见前文 III. 2，第74页及以下；关于法教义学（关于此还有法律方法论）的助产术功能，参见下文 V. 2. e，第142页以下。

规则来进行的：[112]就其运作层面而言，知识（学科）转换总是**独白式的**，而不具有原本意义上的对话的性质。[113]

　　由于法理论从两个方面一起彰显了法律适用导向的-规范科学式的法学的固有法则，它就会对后者的学科同一性作出根本性贡献。[114]后文还将回到这一点上来。[115]

5. 实践的理论与服务于实践的理论

　　这里关于法理论的基础性理解，在于人们通常将"实证主义的"和"规范主义的"这两个资格性概念（但大多数时候它们的所指并不那么友好）统一起来的尝试。

---

〔112〕当然，反过来也一样：（方法论的-教义性的）法学的知识要被另一门学科按照其自身的认知兴趣和认知方法，按照学科的固有法则来考问和加工。

〔113〕这些学科——如同法本身一样——同样是作为自创生的系统来运作的：它们的系统界限由实质客体与形式客体、认知对象与认识方法来划定。

〔114〕关于作为成功之跨学科性（及学科内部性）之必要条件的学科同一性，参见 Roland Czada, Disziplinäre Identität als Voraussetzung von Interdisziplinarität, in: Kilian Bizer/Martin Führ/Christoph Hüttig (Hrsg.), Responsive Regulierung, 2002, S. 23ff.

〔115〕参见后文 V. 1. a 和 b，第 123 页及以下，以及第 129 页及以下。

III. 作为法律（学）之固有法则理论的法理论

a）实证主义的路径：反对法律道德主义

它是**实证主义的**，[116]因为它——反对一切形式的法律道德主义——坚持法与道德的分离，并主张具有**法律**关联性的关系单方面地或独白式地来自法，而非来自道德。不用法与道德的分离这种容易引发误解的说法，[117]我们也可以说法的自洽（反过来也

---

〔116〕 将自身的立场作为实证主义的（以及规范主义的）来辩护无疑是一件棘手的事，但在法学语境中——当然，通常没有意识到可能之意义的变量数量众多、种类多元——几乎没有一个称呼像"实证主义的"那般具有如此多变的意义；但大多数意义运用都具有这样的确信，即"（法律）实证主义"是法律还原主义的被标记为贬义色彩的统称。重要的是，对于法律科学领域而言，显然缺乏一种深入影响一般讨论的关于（法律）实证主义之概念理解和使用方式的研究；一位瑞士人的与此相关、成就显著的研究，即 Walter Ott, Rechtspositivismus, 2. Augl., 1992, bes. S. 32–116（具有三个变种，即"国家主义的""心理学的"和"社会学的"实证主义；一个完全不同的图表类型学参见第 109 页）——至少在德语圈内——并未获得应有的关注和接纳；不同法律实证主义类型的区分范式，参见 Franz Wieacker, Privatsgeschichte der Neuzeit, 2. Aufl., 1967, S. 430ff., 458ff., 558ff.; Rüthers, Rechtstheorie（前引脚注 6），Rn. 466ff.（"哲学实证主义"），470ff.（"制定法实证主义"），490f.（"法官实证主义"）. 一部刚出版的著作进行了进一步的区分（即区分了"适用实证主义"和"效力实证主义"）：Marietta Auer, Materialisierung, Flexibilisierung, Richterrecht, 2005, S. 214ff. （援引了 Friedrich Müller/Ralph Christensen, Juristische Methodik, Bd. 1, 9. Aufl. 2004, Rn. 76）；以前面的区分为基础，这里所主张的范式要被归为"制定法实证主义"这一变种。

〔117〕 "法与道德的分离"这一表述在此指的并**不是**这样一个命题，即法和道德构成了相分离的领域，它们彼此间没有任何联系。故而分离命题主张的并不是两者之间毫无关联，而是（**从法的视角出发**）既有的与道德之间的关系单方面地由法，即根据自身的规则（＝法律自洽式地）来确定。

可以说道德的自洽）：虽然法（可能）不可避免地传输和稳定着道德评价，反过来说，道德评价无论如何也激发和正当化着法律创设，但这并不会导致，当且仅当法[118]合乎道德或公正时，它才（作为法）有效。道德或正义观念只是在此范围内构成法的效力的条件，即法的创设条件依赖于关于道德或正义的某种特定观念。[119]如果考虑到法的特性在于程序性-动态性，也即是创设的脉络，[120]那么这种继受关系的单方面性就会得到更加生动的证明：在特定的道德或正义观念能对下一个法律创设的阶层展现出内容导向的影响之前，它们本身也需要首先被法律所继受和实证化（这不外乎意味着规范性的实体转化，即变成实在法）。但它们不再**作为道德上的价值设定**，而是随着被变换了的效力根据，以（实在）

----

〔118〕 这里恰当地所指的是现代自由宪政国家中的法，其自由的概念基于区分内在法庭和外在法庭、道德性和合法性的基础之上。一旦这种区分被拒绝——例如在集权政府中，它宣传的不是什么基于程序和管辖权的法律（效力）的概念，而是一种基于真理和/或本质的法律（效力）的概念——法就会在事实上丧失自治；继而，通过这种整体主义的概念，法献身于仅成为（当然是各该主流）道德的一个功能。换言之：法的自治并非法本身独有的属性，而毋宁说是对历史上大陆法的（理解）的标识。

〔119〕 不言而喻的是，相反的命题也是有效的：一个法条并不仅仅因为满足了实在法的创设前提，从而在实在法上有效，就可以被认为在道德上是好的或公正的；实在法上的效力——打个折扣说：合法性——只在此程度上构成道德的条件，即道德自治地依赖于法的效力。

〔120〕 关于法的动态观察方式，参见前文 III. 3，第 77 页及以下。

法上的创设和效力条件这一新形式来发挥这种影响。

b）规范主义的路径：反对法律自然主义

这里所提供的关于法理论的理解是**规范主义的**，因为它——反对一切形式的法律自然主义——坚持实然与应然的分离，并主张具有法律关联性的关系单方面地来自应然，而非实然。[121][122]故而同样不是说实然的世界与应然的世界毫无关联，而是涉及这样一个问题：实然与应然之间的相互关系如何确定。就此而言同样适用运作上的单边主义公理：当且仅当事实被法赋予意义时，它们才具有法律上的相关性。[123]运用于法律创设的话，那就是：尽管从实证主义的法律理解出发，事实——更准确地说，人类意志行为——构成了法律规范创设的必要条件，但

---

〔121〕 因而规范主义在这里是在一种理论-方法论的意义上来使用的，而不是例如——像概念法学的涵摄实证主义那样——在一种实践-教义学的意义上使用的。

〔122〕 关于这种运作上的单边主义，参见 Matthias Jestaedt, Konkurrenz von Rechtsdeutungen statt Koexistenz von Rechtsoednugnen, in: Hauke Brunkhorst（Hrsg.）, Völkerrechtspolitik. Recht, Staat und Internationale Gemeinschaft im Blick auf Kelsen, 2006（作者当时注明此书"即将出版"。经译者查明，此书的准确出版信息为：Hauke Brunkhorst（Hrsg.）, Recht-Staat. Staat, internationale Gemeinschaft und Völkerrecht bei Hans Kelsen, 2008.——译者注）.

〔123〕 相同观点参见 Christoph Gusy, "Wirklichkeit" in der Rechtsdogmatik, in: JZ 1991, S. 213ff. bes. 222.

依照规范主义的理解，具体事实的条件性质本身又只能由法律规范来规定。对"（法律）现实"甚或纯粹的"（法）实践"的突然援引恰恰误识了法以及以规范科学的方式作业之法学的运作封闭性——完全撇开这一点不论：决不能回溯到事实上去，而只能回溯到本身对社会或心理学的事实，要么在认识论上幼稚的、要么前提性要求很高的解释上去。[124]

---

〔124〕 参见汉斯·凯尔森《主权问题与国际法理论》（2. Augl.，1928）一书第一版的前言（标明为 1920 年，第 VII 页）："因为我将法视为一个独立的，尤其是有别于自然的体系（就像所有法律人并非总是意识到这一点的情况下所做的那样），因为我是这样来看待法律科学的（就像它在其最好的代表者那里所体现并一直被体现的那样）：作为一门在对象和方法上独立的，尤其有别于自然科学的学科，我将诉诸'现实'或'实践'的做法驳斥为诉诸另一个认知系统，一个不同的，因而本质上为法律的初始状况所陌生的理论——及大多时候十分幼稚的自然事实理论——因而驳斥为回溯到某个不合格之层次上去的做法。恰恰在这里才蕴含着使得所有"科学"成为可能的纯粹性：认知要留在其被对象和方法所划定的界限之内。这些界限恰恰对于法律科学来说是十分狭窄的，我毫不犹豫地承认会存在这种危险，即尤其它在整个科学体系中的意义将大大降低；但我认为，对于那些以"法律人"自居的人来说，去理解几乎一切东西，在运用法律论证的同时去解决心理学和社会学的问题（就像习惯上被尊重的政治学的要求那样），这必然看起来是可悲的。他们由此发展出那种特殊的"法律"逻辑，使得法学在真正科学的圈子中获得长久的声誉，并使得法律人在民众的意识中变成了诡辩者，这当然是这种越权做法的一个不容忽视的副作用"（为了避免由术语引起的误解，这里要注意的是，凯尔森所认为的"法律科学"指的并非是法学院的共同屋顶下教授的分支学科的整体——如包含法社会学、法律心理学或法伦理学，而只是"教义性的法学"［参见 Hans Kelsen, Die Rechtswissenschaft als Norm-oder als Kulturwissenschaft（1916），in: Hans Klecatsky/René Marcie/Herbert Schambeck（Hrsg.），Die Wiener rechtstheoretische Schule, Bd. 1, 1968, S. 37（93）］，更准确的说法或许是：以规

III. 作为法律（学）之固有法则理论的法理论

如果说法律理解的规范主义要素构成了所谓规范-规范推导脉络的条件：某个法律规范的存在（这等于说，它的效力）必然要回溯到另一个（或另外多个）规范上去的话，那么实证主义要素就针对某种意义上是法律**现实主义的**基本特征负责任地表明，规范创设的过程（这等于说，效力查究的过程）有赖于法所规定的创设**事实**实际上出现。[125]简要地说（固然是粗糙的方式），实证主义可以归于法的固有理性，而规范主义此外还以特殊的方式支持和庇护着法律科学的固有理性。

范科学的方式而非因果科学的方式来作业的法学。凯尔森追求"一种客观的、只描述其对象的科学"，它提出了"纯粹性"的主张，"因为它只确保一种取向于法的认知，因为从这种认知出发，它将所有不能准确归属于法的对象都排除在外"［引文参见 Kelsen, Reine Rechtslehre, 2. Aufl.（前引脚注 64）, S. VIII 和 1］）。

〔125〕　汉斯·凯尔森将法与事实、应然与实然的关联以及最终法的实证性确定如下："……法秩序的一般效力和具体法律规范的特别效力受到事实的限定。在此要注意，这些事实，作为实然事实，只是效力的**条件**，而不是效力（它是一个应然）。**法的实证性就在于，法的效力受到这些事实的限定。**"（Hans Kelsen, Was ist juristischer Positivismus? in: JZ 1965, S. 465——强调为原文所加）。

IV. 法律（学）之诸固有法则的
融合（混淆）

1. "脱离"法律获取理论的
方法论与教义学

选择一种规范主义的法律获取唯实论就肯定会反对关于法、方法和教义学的主流观点。但这是不必要的，这一矛盾最终不可归咎于这样的认知，即法理论不被尊重，法理论（以及法律方法论）相对于法实践的边缘性地位也正是对法律获取之主流解释的表达和结果。[126] 当然，按照伊曼纽尔·康德的观点，[127] 还

---

[126] 在其他条件不变的前提下，这里与以规范科学的方式作业的法学整体的情形是一样的；就此而言要再次参见 Kelsen, Souveränität（前引脚注 124），S. VII："……他们由此发展出那种特殊的"法律"逻辑，使得法学在真正科学的圈子中获得长久的声誉，并使得法律人在民众的意识中变成了诡辩者，这当然是这种越权做法的一个不容忽视的副作用。"

[127] 参见前引脚注 44。

IV. 法律（学）之诸固有法则的融合（混淆）

可以表述为："如果说法律获取理论对于实践作用很小的话，那么责任不在于法律获取理论，而在于人们**没有**从经验中习得**足够的法律获取理论**。"故而这一命题的结论是，对于主流的法律科学讨论而言，尚缺乏一种同时是有反思的和现实主义的、[128]广泛和多样化的[129]法律获取理论。主流法律方法论和法

---

〔128〕 这里指的是：对实在法所规定之**规范性现实**加以考虑的法律获取理论。

〔129〕 虽然有时候——如果我没弄错的话：甚至可以说越来越频繁——法律获取理论的知识被包含在方法论-教义学的讨论之内，但这无论如何不是建立在这样一个被详细淬炼的概念的基础上的：它从理论上对被实在法塑造之法的获取的类型和方法加以分析，形成彼此间的关系，此外还建立起与法律方法论和法教义学这两门操作性学科之间的关联。这种做法的表达和结果是，以不同程度扩张的法律获取理论的飞地与三种国家功能相关（后文排除掉了私人之间的法律制定）：如果说**司法性**法律获取理论的研究最为宽泛——但一直以来它是在法官法和法官的法的续造现象中被讨论并得变敏锐的——而**立法性**法律获取理论在很大程度上缺失——关于所谓"宪法具体化"（更准确地说：关于"宪法具体化"之立法机关授权和宪法法院授权之竞合）的讨论，以及关于立法者的形成余地的讨论提供了充分的证明——的话，那么执行性的，或更准确地说：**行政性**法律获取理论的研究状况——正如关于行政条款之法律性质，以及关于裁量权和判断余地的方法论-教义学特征的讨论所表明的——就可以说位于这两个极端之间（不言而喻的是，这里仅涉及一种要素的吸纳；当时最大的进步似乎在于将法律获取理论的知识包含进了行政法之中）。（仿佛位于幕后的）法律获取理论背景的结构同一性在完成（居于前台的）彼此无联系的现象时并没有被（认识到，也没有被）协调一致，对此的一个例子是所谓的"错误估算"（Fehlerkalkül）[关于概念与内涵参见 Merkl, Verwaltungsrecht（前引脚注 58），S. 191ff., bes. 195-201（"错误估算"这一称呼参见第 196 页）；也可参见 dens., Recht im Lichte seiner Anwendung（前引脚注 65），S. 122-134；详细论述参见 ders., Die Lehre von der Rechtskraft entwickelt aus dem Rechtsbegriff, 1923；关于错误估算学说之发展与意义的深入剖析参见 Lippold, Recht

教义学的典型特征在于，它们——有意或无意地、经过反思或未加反思地——是借助于一种全体的或整合主义的法律获取理论来运作的，后者没有或没有充分前后一致地考虑到法和法律科学的不同固有理性。相反，伴随着整体主义主张出现的，是一种对两种形式之法律（学）固有法则的融合（简单地说，是混淆）。

例如，（反映法律获取结构的）绝对二分法——方法与权能、法律认知（渊源）与法律创设（渊源）、规范科学的和规范性的、（描述性）法律命题语句与（规定性）法律条文——极少被遵守。[130]

（前引脚注 51），S. 407-420]，也即是实在法塑造的回应法律创设错误的制度：行政法上错误后果学说的知识（至今仍）很少为法院裁判所考虑，反之亦然；制定法创设错误的法律后果同样涉及——立法上的——错误估算，这一点极少被认识到，与司法性和行政性错误后果学说间的关联性只是在极个别的情况下才被建立起来。在与错误估算完全不发生关联的情况下，国家法律创设领域中法律创设瑕疵的后果是借鉴私人的法律创设行为（单向的或双向的法律行为）被讨论的（例如，根据法律无效、可撤销、可废止、无关紧要）。

[130] 关于（属于法本身的）法律条文和（属于法律科学的）法律命题语句之间的区分和不同的制度，参见 Rainer Lippold, Reine Rechtslehre und Strafrechtsdoktrin, 1989, S. 156ff.，bes. 157 m. Fn. 19；更详细和更多样化的论述参见 ders.，Recht（前引脚注 51），S. 336-357，bes. 353-357. 关于同义的概念对"（规定性）法律规范"[用利珀尔德（Lippold）的术语来说，即法律条文]和"（描述性）法律条文"（用利珀尔德的术语来说，即法律命题语句），参见 Hans Kelsen, General Theory of Law and State, 1945, S. 45f.，163f.；ders.，Reine Rechtslehre, 2. Aufl.（前引脚注 64），S. 73ff.；der.，Theorie der Normen（前引脚注

虽然上面提到的这些范畴本身无疑可算作传统法学的分析对象，但通常情况下与某个概念对象联结的现象之间的界线暂时被相对化和模糊化了，继而在它们的关系中彼此表达的对立被掩盖了。其结果是，法律制定和法律实施之间相对的-法律内容上的对立，上升为了一种绝对的-法律本质性的对立。[131]

2. 模棱两可情形中的法律（学）
固有法则

由于法律（学）固有理性的核心概念被如此处理和使用，就好像它们拥有**单义**的，并因而总是相同的意义内涵，这种混淆就进一步加剧了。根据它们是被运用于法的固有法则还是法律科学的固有法则的语境，它们会具有各自特殊的意义内涵。这可以

68），S. 68, 104, 119ff. , 124, 150; Robert Walter, Der Aufbau der Rechtsordnung, 2. Aufl. 1974, S. 21f. ; ders. , Normen und Aussagen über Normen, in: Festschrift für Ludwig Adamovich, 1993, S. 714ff. ; Rudolf Thienel, Kritischer Rationalismus und Jurisprudenz, 1991, S. 133ff. ; Dias, Rechtspositivismus（前引脚注68），S. 265ff. 例如行政组织**法**和行政组织**法学**上的基本概念，参见 Matthias Jestaedt, Grundbegriffe des Verwaltungsorganisationsrechts, in: Wolfgang Hoffmann – Riem/Eberhard Schmidt – Aßmann/Andreas Voßkuhle (Hrsg.), Grundlagen des Verwaltungsrechts, Bd. 1, 2006, § 14 Rn. 7, 8 以及 12ff.

[131] 对此进一步的阐述参见前文 II. 3，第59页及以下。

借助于以法为主题的创造性、规范性和动态性这些现象得到例证：

a) 法律获取的创造性

反对装作演绎-逻辑（主义）的、政治中立的（简言之：客观的）概念法学的实质上最重要的论据在于指明法律获取具有**创造性**（这是完全正确的）。但如果由此首先不信任解释（对于概念法学的自我理解及其主张而言必要的）价值中立性，继而否认终究存在某种存在于解释行为之前的待解释的事物（在诠释学的鸟瞰之下，预先存在的规范不外乎是一种幻想，最好的情况下也只是一种自我欺骗），这就因噎废食了。诠释学认为，有待解释之规范的内容只有通过解释才能完成。[132] 就此而言，规范解释被认为不外乎是"通过创造性的规范具体化之法律生

---

〔132〕 对此引领性的文献参见 Josef Esser, Grundsatz und Norm in der richterlichen Fortbildung des Privatrechts, 2. Aufl. 1964, S. 250ff.；Konrad Hesse, Grundzüge des Verfassungsrechts der Bundesrepublik Deutschland, 20 Aufl. 1995, Rn. 60, 该处明确援引了（同上书，脚注 21）Hans-Georg Gadmer, Wahrheit und Methode, 2. Aufl. 1965, S. 307, 312f., 315. 这一命题导致的结论，究竟有待适用和解释的规范是完全在适用和解释的过程中被建立起来的（就此而言，我们可以称之为"规范的**建立**命题"），还是说有待适用的规范只是被认为在适用和解释的过程中得到了完善（这里可以被归纳为"规范的**完善**命题"）：Jestaedt, Grundrechtsentfaltung（前引脚注 30），S. 150f. 及脚注 71。

产"。[133]今天几乎没有争议的是，对法的所有解释都受制于主观条件，因而并不独立于解释者自身的创造性能力。但承认这一点同样没能证明这个广泛的命题，即没有任何事先确定的，不由解释者支配的规范内容，因而规范解释不外乎是规范的具体化。[134]规范解释与规范具体化，两者都肯定是创造性的功能。但在提出这一双重命题时不应忽略的是，创造性事物的特征在这里并非是在同等意义和同等关系上被使用的，而只是以模棱两可的方式被使用的。也就是说，创造性事物在法律获取的程序中会采取两种不同的、彼此不相容的形式：

创造首先可以意味着对于法律**认知**而言必要的智识能力，它在其他条件不变的前提下同样也必须为刑事警察所拥有，为的是解开指向不同方向迹象间的一团乱麻，或者必须为自然科学家所掌握，为

---

〔133〕 所引用的表述参见 Thomas Vesting, Von der liberalen Grundrechtstheorie zum Grundrechtspluralismus – Elemente und Perspektiven einer pluralen Theorie der Grundrechte –, in: Christoph Grabenwarter/Stefan Hammer/Alexander Pelzl/Eva Schulev – Steindl/Eward Wiederin (Hrsg.), Allgemeinheit der Grundrechte und Vielfalt der Gesellschaft, 1994, S. 9 (16——那里涉及他所喜爱的"客观法的基本权利解释").

〔134〕 不考虑法律获取理论的其他考量，这一推论即便从其他视角来看也是错误的：脱离认知的主体就无法有意义地谈论认知，并不就同样意味着，有待解释之事离开了解释的主体就无法被想象。认识论和本体论的层面——认知的领域和存在的领域——要被区分开来。对此还可参见下文。

的是从大量结合在一起的资料出发找出自然法则的
规律性。[135]（从法律人的视角出发：与法律**认知**相关
的）创造性取向于对事实情形尽可能现实主义的**重
构**，取向于对历史性脱离物的可视化理解，在此即
是：取向于对事实上存在之法，[136]即现行法（lex
lata）的重构。这种形式的创造性的位置及其正当性
仅仅存在于认知的过程，它在认识论而非本体论的
层面上发挥作用：借助它，并没有改变存在物本身，
只是消除了对存在物的解释中的不确定性和非单义
性。它并没导致产生新的实然，而至多导致产生
了新的认知。但关于对存在物最明智之认知和最令
人信服之解释的争议决不会让法律解释者——就此
而言与刑事警察和自然科学家的处境一样——免除
运用裁量，决不会免除对存在物进行解释时的其他
选择。在认知行为中，存在物要么被正确地把握了，
要么没有——适用排中律。尽管人们可以或多或少
令人信服的理由主张多个意义内涵，但这不应当导
致这个错误的结论，即存在物，在这里即法律规范，

---

〔135〕 在当下的语境中，所谓的自然法则是要从本体论上得到说明，
还是——有强有力的理由支持——仅仅被解释为对经验上可证实之自然
现象的规律性的**说明性尝试**，这并无差别。

〔136〕 完全是在萨维尼所给出的对解释之定义的意义上来说的，即
"对内在于制定法之思想的重构" [Savigny, System（前引脚注 39），
Erstes Buch, Kap. IV, § 32 A（S. 213）]。

IV. 法律（学）之诸固有法则的融合（混淆）

事实上拥有多重意义[137]——另外这还会招致使人困

---

[137] 就此而言，这似乎有别于另一种情形，即某个法律具体化和个别化过程的行动者被实在法（！）（赋予法律创设的）授权去进行所谓真意解释；当然，通过进一步的审视会发现，**真意**解释涉及的并不是（纯粹的）法律认知行为，而首先也主要是"有待解释之"规范的法源层面上的法律创设行为；这一法律制定行为——以其新法的属性——取代了"有待解释的"规范［关于纯粹的权威解释和真意解释之间的细致区分，参见 Jestaedt, Grundrechtsentfaltung（前引脚注 30），S. 363ff. 及其证明］。即便是在纯粹的**权威**解释的情形中，它涉及的也不是对规范内涵的复写；虽然肯定不是有意的，但它正确地被表达在一句记在"自我批评式的联邦法院法官"名下的警句之中："联邦法院法官同样会犯错，但他们的错误具有既判力"［引自 Rüthers, Rechtstheorie（前引脚注 6），Rn. 318］。法官——也包括终审法院的法官——可能会误识有待查明之规范内涵；故而他的解释是不对的。但这并不意味着，它在法律上可能是不相关的；因为根据实在法（更准确地说，根据来自于既判力的拘束性效果），它要作为法律进一步的具体化和个别化的具有拘束力的基础。但这种实在法上的"错误估算"并不会导致要赋予法官这样的权力，即去改变法律规范本身（如某个制定法规定）——对此他缺乏特殊的法律创设权（例如，颁布制定法的法律权力）。凯尔森的忠告，即法律科学必须"十分小心地避免虚构"，"法律规范始终只允许作一种'正确的'解释"［Kelsen, Reine Rechtslehre, 2. Aufl.（前引脚注 64），S. 353］，在当时（也）占主流地位的观点（即将法律适用与法律解释在实质上相等同）的基础上看起来很容易理解，但它——恰恰在一种连贯的实证主义-规范主义视角的基础上——却清晰地远离了目标［对此参见 Jestaedt, Auslegung（前引脚注 83），S. 140f. 及脚注 21 和 22］；对此，今日之纯粹法学的代表者们也是一致同意的：只需参见 Robert Walter, Das Auslegungsproblem im Lichte der Reine Rechtslehre, in: Festschrift für Ulrich Klug, 1983, S. 187（188ff.）; dens., Die Interpretationslehre im Lichte der Wiener Schule der Rechtstheorie, in: Festschrift für Norbert Leser, 1993, S. 191（192ff.）; Heinz Mayer, Die Interpretationstheorie der Reinen Rehctslehre, in: Robert Walter（Hrsg.）, Schwerpunkte der Reinen Rechtslehre, 1992, S. 61ff.; Thienel, Kritischer Rationalismus（前引脚注 130），S. 183ff.; 最后参见 Hans-Joachim Koch, Die Auslegungslehre der Reinen Rechtslehre im Lichte der jüngeren sprachanalytischen Forschung, in: ZfV 1992, S. 1ff.

惑这一谴责。[138]这一谴责必然也适用于无疑占主流地位的关于合宪性解释的学说，但它以此为前提，即一个法律规范可作多种解释，这不外乎意味着，一个法律规范能够放射出多个不相容的规范命令；[139]在此，合宪的"解释"被证明是在法律适用行为中对法律认知要素与法律创设要素加以错误区分的产物。[140]

但与和法律**认知**相关的创造性相反，创造性也

---

〔138〕 不能与此混淆的是这种——在（判断或）裁量余地中显现得最清晰的——情境，在其中规范本身留待法律适用者，从已经建立好的储藏库中去具体选择他所希望的规范命令，或一般地说：法律后果。因为有待适用的规范在此是清晰的：它的内容并非由一捆不兼容的规范命令组成，而在于（给予法律创设的）授权给规范适用者，从规范建立或允许的法律后果中、在规范适用的层面上确证为有拘束力的。

〔139〕 可以以偏概全地来援引联邦宪法法院司法判决的这个裁判要旨："但如果一个规范允许作多种解释，它们有的会导致违宪的结果，有的会导致合宪的结果，那么就要以合宪的且必须以遵守宪法的方式来解释这一规范。"（参见例如 BVerfGE 64, 229 [242，该处援引了 BVerfGE 19, 1 (5); 30, 129 (148); 32, 373 (383f.)]；相应地还可参见例如 BVerfGE 2, 266 (282); 12, 45 (61); 48, 148 (157); 88, 203 (331); 95, 64 (93); 110, 226 (267)）；对此深入的阐述参见 Klaus Schlaich/Stefan Korioth, Das Bundesverfassungsgericht, 6. Aufl. 2004, Rn. 440-451；其他证明参见 Jestaedt, Grundrechtsentfaltung（前引脚注30），S. 61f. Fußn. 37 和 38.

〔140〕 即便在为法官的法的续造进行辩护时，"创造性的"这一修饰语也起着作用——联邦宪法法院使用了"创造性的法的发现"这一表述 [例如 BVerfGE 34, 269 (287, 288); 38, 386 (396); 65, 182 (194)]；但在最近的司法裁判中，法院不再使用"创造性的"这一形容词了 [参见 BVerfGE 84, 212 (226f.); 96, 375 (395)] ——一个决定性的正当化角色 [对此参见 Jestaedt, Rechtsprechung（前引脚注98），S. 54f.]。

可以指一种创造法律或创设法律的能力。在此，创造性的目标在于**建构**，更清晰地说：在于**产生**新的、尚不存在的法，即未来法（lex ferenda）。有待适用的法律规范（或更准确地说，是法律创设的条件）留给有权进行法律创设者或大或小的自由空间，去进行自身自由并在此意义上创造性的（法律）价值设定。

如果说前一种概念理解，即和法律**认知**相关的创造性同样以特定方式和法学家相关的话，那么对于后一种概念理解，即和法律**创设**相关的创造性，他就缺乏实在法上的权能了，更准确地说：是实在法给予的授权，即将其法政策观点转化为凝聚为法的状态的未来法。〔141〕与法律获取相关的这两种形式之创造性之间的区分，对应于法律渊源的划分，即法律**认知**的渊源和法律**创设**的渊源，〔142〕正如它范式性地作为前提被规定在《国际法院规约》第 38 条第

---

〔141〕 对此已可参见 Jestaedt, Rechtsprechung（前引脚注 98），S. 54f. 关于创设法律之教义学的命题，参见下文 IV. 4，第 115 页及以下。

〔142〕 这里并**没有**以流行的理解，即法律创设渊源、法律评价渊源和法律认知渊源为基础，这一观点可参见例如 Ulrich Meyer-Cording, Die Rechtsnormen, 1971, S. 50ff., 或者 Ossenbühl, Gesetz und Recht（前引脚注 75），§ 61 Rn. 1-3，它们都援引了 Alf Ross, Theorie der Rechtsquellen, 1929.

1 款（德语版）[143]之中——在此主要将"**作为确定法律规范之辅助手段**的各个国家最著名之国际法学者的学术观点"[144]，作为国际法院之裁判的基础；或者被规定在《欧盟条约》第 6 条第 2 款中——这里将作为确定共同体基本权利之辅助手段的《欧洲人权公约》和成员国共同的宪法传统，援引为"共同体法的一般原则"。[145][146]如果说法律创设渊源真

<hr>

[143]　这个 1945 年的规定可以追溯到 1920 年的《国际刑事法院规约》第 38 条第 1 款 lit. d. 这一先驱性的规定，后者本身反映了古典国际法学者例如胡果·格劳修斯（Hugo Grotius）所发挥的杰出作用。关于《国际刑事法院规约》第 38 条第 1 款（德语版），参见 Hans Kelsen, The Law of United Nations, 1950, S. 530, 据此，一方面，"只有（a），（b），（c）这三个条款所指涉的规范才能被认为是国际法的组成部分"，另一方面，"条款（d）是不完整的和肤浅的"；Nguyen Quoc Dinh/Patrick Daillier/Alein Pellet, Droit international public, 6. Aufl. , 1999, Rn. 255ff.（"辅助方法"），bes. Rn. 255："学界一直以来的观点是，无论是判例还是学术都无法创造法律规则，而只能证明规则的存在"；Karl Doehring, Völkerrecht, 2. Aufl. 2004, Rn. 277："仅仅是提示的功能"；Wolff Heintschel von Heinegg, in：Knut Ipsen（Hrsg.），Völkerrecht, 5. Aufl. 2004, § 21, bes. Rn. 5f. ："国际法学说纯粹的辅助功能"（Rn. 6）.

[144]　英语版的表述为："the teachings of the most highly qualified publicists of the various nations, as subsidiary means for the determination of rules of law"；法语版的表述为："la doctrine des publicistes les plus qualifiés des différentes nations, comme moyen auxiliaire de détermination des règles de droit"；西班牙语版的表述为："las doctrinas de los publicistas de mayor competencia de las distintas naciones, como medio auxiliar para la determinación de las reglas derecho".

[145]　关于《欧洲人权公约》和成员国共同的宪法传统作为（《欧盟条约》第 6 条第 2 款）欧盟基本权利之纯粹法律认知渊源的性质，参见 Thorsten Kingreen, in：Christian Galliess/Matthias Ruffert（Hrsg. ），EUV/

正拥有规范性质的话，那么纯粹的法律认知渊源则缺乏这种性质。其功能只在于作为"确定（而非：建立！）法律规范的辅助手段"，即更简单和/或更可靠地来塑造认知的过程，无论现行法的内容为何。

b) 法的拘束性

拘束性或规范性[147]不仅为法所具有，而且不少

EGV, 2. Aufl. 2002, Art. 6 EU-Vertrag Rn. 33ff. , 40ff. ; Bengt Beutler, in: Hans von der Groeben/Jürgen Schwartz（Hrsg.）, EU-/EG-Vertrag, Bd. 1, 6. Aufl. 2003, Art. 6 EU Rn. 57; Matthias Pechstein, in: Rudolf Streinz（Hrsg.）, EUV/EGV, 2003, Art. 6 EUV Rn. 9; Meinhard Hilf/frank Schorkopf, in: Eberhard Grabitz/Meinhard Hilf（Hrsg.）, Das Recht der Europäischen Union, Stand: 27. Erg. -Lfg. 2005, Art. 6 EUV（修订状态：23. Erg. -Lfg. 2004）Rn. 46.

〔146〕　教会法提供了另一个例子，在其中由教会法规学者所进行的所谓对教会法的学说解释被归类为非官方解释的下位情形，它的法律（学）力量被说明如下："它的价值（可以补充上：理由）只在于试验"（对此参见 Klaus Mörsdorf, Lehrebuch des Kirchenrechts auf Grund des Codex Iuris Canonici, Bd. I, 11. Aufl. , 1964, S. 79f. ）；1983 年的《罗马天主教法典》第 19 章中包含了一个可以与《国际刑事法院规约》第 38 条第 1 款 lit. d. 相比的条款（强调并非原文所加）："假如在特定案件中缺乏一般或特殊值制定法的明确条款或者习惯法可用，判决这一案件（如果不是刑事案件的话）时要考虑到针对同类案件所颁布之制定法、确保罗马法之衡平的一般法律原则，并顾及罗马教廷的法律观点和法律实践，以及**专业学者之共同和稳定的观点**。"

〔147〕　在下文中将遵循广为流传的用法，在等义上使用"拘束性"和"规范性"这两个概念，因为在既定语境并与**不**涉及它们不同的法理论功能；但精确区分两者的做法参见 Rainer Lippold, Geltung, Wirksamkeit und Verbindlichketi von Rechtsnormen, in: Rechtstheorie 19（1998）, S. 463ff.

时候也为法的科学〔148〕所具有。从**规范科学**，即与规范相关并以具有规范性的规范为焦点的学科出发，〔149〕就干脆成了**规范性的科学**，这门科学的认知和命题本身主张具有规范性。〔150〕人们在规范命令本身（或它通过规范文本的文本化）与关于规范命令的教义学命题之间不再作出任何（可运用的和相关的）区分。如此一来，规定性的法律规范与关于法律规范的科学-描述性命题在术语上也就一视同仁了。〔151〕但这种做法忽视了规范性的不同价值：如果说在前一种情形中，规范性标识着一种属性，即法律条文本身的属性的话，那么在后一种情形中，它就只起到了对象，即法律命题语句之客体的作用。〔152〕故而只

---

〔148〕 尤其是在与法律适用相关的学科法律方法论和法教义学之中。

〔149〕 这里所称的"规范科学"与"因果科学"正好相反；对此参见例如前文 III. 1，第 71 页及以下。

〔150〕 但请参见 Larenz, Methodenlehre（前引脚注 25），S. 195："如果法学被理解为'规范科学'，那么这并非说，它本身可以制定规范，使得法律规范生效。不如说，它原则上要被理解为一个**关于**现行法的命题体系。当然我们会明白，它的命题对于它们所指涉之对象（包括法律规范）的内容并非毫无影响。由此，它区别于今天大多被称为科学主义的学科，后者从认知对象相对于认知主体的独立性出发，并信守这一点。"（强调为原文所加）

〔151〕 当然，这最终与法教义学的主张，即将本身作为法律创设的渊源相关。对此参见下文 IV. 4，第 115 页及以下。关于法律条文与法律命题语句区分的证明，参见前文脚注 130。

〔152〕 成熟的，当然是基于一种狭义的法律科学的理解（对此参见前引脚注 124），参见 Thienel, Kritischer Rationalismus（前引脚注 130），S. 211 Fußn. 111："规范是法律科学的对象而非产物。"

要法学是描述性的，那么它和它的语句就不具有规范性或拘束性。

然而法学（中）之规范性的问题并没有就此被穷尽乃至终结。因为毫无争议的是，法的实质正义论在广泛的法律科学专业领域内也拥有一席之地；但它需要运用规范性的，即取向于一种应然状态并主张拘束性的概念和范畴。这一点尤其适用于法哲学，它以（超越法秩序的）正义观念为标准对现行法加以衡量。但在不那么脱离适用的学科中，实质正义论同样拥有重要的地位。这一点特别清晰地显现在宪法理论和基本权利理论之中，它们与宪法教义学之间的关系特别紧密。[153]尽管关于它们在法律科学中的学科地位远远没有达成一致意见，[154]但却存在这样的共识，即宪法理论或基本权利理论（至少也）使用规范语句。[155]但如果宪法**理论**是规范性

---

〔153〕 当然，值得一提的是，一方面宪法和基本权利理论上的考量频繁地潜入教义学语境之中，另一方面人们却甚少尝试对宪法理论和宪法教义学，或基本权利理论和基本权利教义学作出方法论-学科上的界分。这种对立的表达和后果是这种——经常发生的——跨学科的勾兑方式：随意和按需要将某个定理从基本权利理论中转换进基本权利教义学中，然后再换回来。

〔154〕 对此更详细的论述参见 Jestaedt, Grundrechtsentfaltung（前引脚注30），S. 104ff., bes. 105ff.，以及127ff.

〔155〕 进一步参见 Morlok, Verfassungstheorie（前引脚注85），S. 48f.，尤其是54-60；其他证明参见 Jestaedt, Grundrechtsentfaltung（前引脚注30），S. 128 Fußn. 239.

的，那么就会出现这样的问题，即它的语句与——同样提出规范性主张的——**宪法**的语句如何区分。撇开宪法理论和宪法完全不同的运作模式不论，两者的关键性差别首先在于规范性的不同结合状态：宪法理论独有的规范性，其诉求和权威仅仅来自于它所提供之理由的说服力；[156]故而对于宪法理论上的（规定性）语句而言适用教会法学所熟识的判断："它的价值只在于试验。"[157]宪法理论的权威在于——"内在的"和主观的——论证的权威。[158]与此相反，（宪）法所独有的规范性，其诉求与权威根植于法的实证性——故而在这里，规范性宽泛地意味着实证性。换言之：如果说前一种应然诉求与受众对其不可被强迫之内心接受或拒绝休戚相关的话，那么后一种应然诉求就是有效的法（更简洁地说，它有效），因而可以通过所有由实在法所提供的手段，

---

〔156〕 关于恩斯特-沃尔夫冈·博肯菲尔德（Ernst - Wolfgang Böckenförde）的努力，即表述出一种"合宪的"甚或具有宪法拘束力的宪法理论，参见 Morlok, Verfassungstheorie（前引脚注 85），S. 133–136；Jestaedt, Grundrechtsentfaltung（前引脚注 30），S. 128–130 及其他证明。撇开明确的保留，认为一种合乎制定法之理论的项目具有目标指引性的观点参见 Hans Herbert von Arnim/Stefan Brink, Methodik der Rechtsbildung unter dem Grundgesetz, 2001.

〔157〕 对此参见脚注 146。

〔158〕 在这里所理解之意义上的"内在"权威与"外在"权威的区分早就可参见 Georg Friedrich Puchta, Pandekten, 8. Aufl. 1856, § 16, S. 29（该语境中的引文将在脚注 192 中被复述）。

相对于并非出自内心信服去服从实在法的人得到贯彻。[159]（宪）法的权威在于（法律）权力的——"外部的"和客观的——权威，这不外乎意味着霍布斯式的"权威，而非真理"[160]的释义。最后，实在法的规范性具有严格的法秩序**相对性**且**内在于**法秩序（这一点同样与法律科学的规范性相对），故而只能针对某个特定的法秩序来说，且只有在这个法秩序中才具有（在这个词的双重含义上的）效力。[161]

c) 法随时间的可变性

当我们谈论法的动态性和开放性时，主要指的是，法不会对社会-经济关系的变迁无动于

---

〔159〕 人们可以将前一种情形称为纯粹**理想的**规范性，相反将第二种情形称为**现实的**规范性。两者的关系如何确定，当然取决于是一种理想主义的法律规范性观念还是——像这里一样——一种意志主义的观念具有优先性。

〔160〕 参见前引脚注109。

〔161〕 一个法律规范的效力被确定为关于或作为其相对于某个法秩序的成员资格。因此，效力是一种具有严格的法秩序**相对性**的属性；只要不否认存在一个以上的法秩序，甚或至少存在一个以上的对作为法秩序之法的解释，就没法认为法律规范具有绝对的效力[对此更详细的阐述参见 Jestaedt, Konkurrenz von Rechtsdeutungen（前引脚注122）]。

衷：[162]如果事实情境发生改变，法就必须也要随之并通过它们发生改变，假如法想要合乎其调控（生活）之主张的话。这一范式的要点在于，法并不是依照其自身规定的程序和条件发生改变的，而是其内容——在形式不变的前提下——会受到法外调整的，即法外来的变迁的影响。

这可能打眼看上去是如此地矛盾：撇开一切动态性和开放性、程序化和"学习能力"的修辞不

---

[162] 一直以来以所谓宪法变迁为例对法的变迁最深入的研究参见 Brun-Otto Bryde, Verfassungsentwicklung, 1982；进一步参见 Peter Lerche, Stiller Verfassungswandel als aktuelles Politikum, in: Festschrift für Theodor Maunz, 1971, S. 285ff.；dens., Verfassungsnachholung, insbesondere im Kleide der Interpretation, in: Liber Amicorum für Peter Häberle, 2004, S. 631ff.；Konrad Hesse, Grenzen der Verfassungswandlung, in: Festschrift für Ulrich Scheuner, 1973, S. 123ff.；Wolf-Rüdiger Schenke, Verfassung und Zeit-von der "entzeiteten" zur zeitgeprägten Verfassung, in: AöR 103 (1978), S. 566 (585ff.)；Alexander Roßnagel, Verfassungsänderung und Verfassungswandel in der Verfassungspraxis, in: Der Saat 22 (1983), S. 551ff.；Thomas Würtenberger, Zeitgeist und recht, 2. Aufl. 1991, S. 174ff.；Peter Badura, Verfassungsänderung, Verfassungswandel, Verfassungsgewohnheitsrecht, in: HStR VII, 1992, § 160 Rn. 13ff.；Ernst-Wolfgang Böckenförde, Anmerkungen zum Begriff Verfassungswandel, in: Festschrift für Peter Lerche, 1993, S. 3. ff.；Markus Kenntner, Grundgesetzwandel, In: DÖV 1997, S. 450ff.；Christian Walter, Hüter oder Wandler der Verfassung? Zur Rolle des Bundesverfassungsgerichts im Prozeß des Verfassungswandels, in: AöR 125 (2000), S. 517 (521ff.)；Jestaedt, Verfassungsgerichtspositivismus（前引脚注 13）, S. 194ff.；Andreas Voßkuhle, Gibt es und wozu nutzt eine Lehre vom Verfassungswandel? in: Der Staat 43 (2004), S. 450ff. 及其他各处。

论，[163]法的（外来）变迁学说构成了对法的静态观察的一个分支。因为它会使得单个规范从其法律-动态性的创设情境中被孤立出来，由此为非法律规范的创设（甚或规范改造）过程开辟空间。然而，静态的法律说明遮蔽（或者忽视）了，实在法本身就设置了大量绝对不可忽视的管辖权和授权，这被用于组织起通过法来进行的（即法秩序**内生的**）**永恒**法律变迁。但由此一来就产生了这样的问题：假如法本身组织了一种（**内生的**）变迁，而外来的变迁会造成使得内生的变迁机制被重叠、置于一边或空转的危险，那么法外来的变迁是否在多大程度上能够被认可？如果来自于法的调控冲力要波及其受众的话，法就必须与时俱进，就必须是灵活的、"有学习能力的"和最新的，但要从法外——尤其是在所谓的"法律现实"之中——去寻找法律更新的程序就是一种误解了。现代完全实证化和分化了的法秩序——就像在那些自由宪政国家中那样——反思和规制着法的变迁，它们以十分不同的方式对法律体系的学习能力进行制度化——无论法本身是以静态

---

〔163〕 对此有代表性的文献参见 Karl-Heinz Ladeur, Lernfähigkeit des Rechts und Lernfähigkeit durch Recht, in: Jahresschrift für Rechtspolitologie 4 (1990), S. 141ff. ; dens. , Postmoderne rechtstheorie, 1992; Vesting, Grundrechtspluralismus（前引脚注133）, S. 15 和21f.

的还是动态的方式指涉法外的现象，例如（私有的）技术性标准化作业、科学和技术的状况，以及类似的现象。[164]

系统论将法作为自创生系统的说明[165]在此也同样可以促进我们的理解：学习和适应能力首先是来自于系统环境的系统认知开放性要求；但系统的适应功能，即系统程序的变迁，完全是按照系统自身的适应性运作过程在运作封闭的系统中运行的。

3. 整体解释理论：法律创设的位置在哪里？

对（应作区分的）固有理性的混淆以特别令人印象深刻的方式显现在传统的方法论之中：当它说法律适用时，它指的事实上是法律解释；而当它说法律解释时，它指的事实上是制定法解释。[166] 故而

---

[164] 进一步的论述参见 Karl-Heinz Ladeur, Die rechtswissenschaftliche Methodendiskussion und die Bewältigung des gesellschaftlichen Wandels, in：RabelsZ 64（2000），S. 60ff.

[165] 对此参见前文 III. 3，第 80 页以下。

[166] 代表性的观点参见这些书的框架划分：Larenz, Methodenlehre（前引脚注 25），S. 189ff.（"导论：法学的一般特征"），250ff.（"法条理论"），278ff.（"事实的形成与法律判断"），312ff.（"制定法解释"），366ff.（"法官的法的续造方法"），437ff.（"法学中概念与体系的构造"）；dems./Canaris, Methodenlehre（前引脚注 25），S. 91ff.（"制定法适用的逻辑图式"），133ff.（"制定法解释"），187ff.（"法官的法的续造的方法"）；Dirk Looschelders/Wolfgang Roth, Juristische Methodik im Prozeß der

IV. 法律（学）之诸固有法则的融合（混淆）

法律适用在很大程度上迅速萎缩成了制定法解释。对其他非制定法形式法源进行解释或者（这等于）认知的方法依然晦涩不明，[167]（宽宏大量地看）人们仍可以将这容忍为可消除的缺陷。将法律适用简化为法律认知，从而相应使得内在于一切[168]法律适用

Rechtsanwendung, 1996, S. 1ff.（"导论"），5ff.（"基础"），86ff.（"法律思维的基本结构"），119ff.（"制定法的解释"），220ff.（"法官的法的续造"）；Rüthers, Rechtstheorie（前引脚注6），Rn. 640ff.（"作为方法论问题的法律获取"），677ff.［"法学三段论（大前提、小前提、结论）"］，696ff.（"对法律规范的解释"），822ff.（"漏洞领域的法律适用"），936ff.（"法官对制定法的偏离"）；Ernst A. Krammer, Juristische Methodenlehre, 2. Aufl. 2005, S. 29ff.（"什么是法学方法论？如何学习法学方法论？"），47ff.（"固有制定法解释框架内的经典解释要素及其顺序"），155ff.（"受拘束的法官法"），207ff.（"超越制定法的法官法"），265ff.（"根本性的推论观察：前理解和法律发现的客观性"）；Reinhold Zipplius, Juristische Methodenlehre, 9. Aufl. 2005, S. 2ff.（"法的概念和功能"），28ff.（"法条的构造和关联"），42ff.（"制定法的解释、补充和修正"），87ff.（"法律规范的适用"），108ff.（"法中的逻辑形式化和资料加工"）。

〔167〕 例如，在拉伦茨的方法论中，关键词"法律行为之表示的解释"（前引脚注25，S. 297–305，但在原本意义上只是在 S. 399–30）并没有出现在"制定法解释"这一章中（同上引，第312页及以下），而是出现在"事实的形成与法律判断"这一章中（真的如此！）（同上引，第278页及以下）；参见对此的说明［同上引，第298页："法律行为是这样的事实，它们已然隐含了主要可归属于它们的法律后果。由此，它们在根本上有别于所有其他具有法律关联性的事实"。法律行为之表示在此尽管可以被刻画为"法律后果的规定"（同上引，第297页），但却不能被刻画为法律规范或——在双向法律行为中——法律规范的组成部分］。

〔168〕 关于唯一的例外参见前文 II. 3，第66页，前引脚注70。

的法律创设要素消逝，这要难得多。〔169〕看一眼法学教科书和评注书就可以证实这一观点：法律问题看起来总是，也仅仅是解释问题。即便是如此抽象的法条也可以借助于——无论是传统的，还是通过更现代的理论附加来丰富化的〔170〕——（制定法）解释方法推导出适合于个案的裁判（至少可以通过阐释产生这样的表象）。然而，既不能将法律适用问题（的答案）拆分为法律**认知**的部分和法律**创设**的部分，也无法认定法律适用者可以让自身的、不再为有待适用之法所决定的——用惯常的措辞来说：法政策的——评价在何时，以及在多大范围内潜入

〔169〕 要再次清楚地强调的是，在此忽略掉了法律适用——说得明白一点：提出和评估与法律适用相关的事实——的事实面相。不言而喻的是，它对于法律适用的完整图景来说是需要被一并考虑到的。

〔170〕 从方法论的视角看，即便是清楚地偏离传统的，尤其是受民法启发之法律科学的法学观念（例如调控科学的观念），不少也是很温和和普通的；传统法学方法论尽管被认为过于简略和片面，但补救措施并不被认为在于一种根本上的方法论视角的转换，而在于在传统的视角之外加上其他使得它相对化的视角［参见例如 Andreas Voßkuhle, Neue Verwaltungsrechtswissenschaft, in: Wolfgang Hoffmann-Riem/Eberhard Schmidt-Aßmann/Andreas Voßkuhle（Hrsg.），Grundlagen des Verwaltungsrechts, Bd. 1, 2006, § 1 passim, bes. Rn. 16ff. 和71；Walter Krebs, Die Juristische Methode im Verwaltungsrecht, in: Eberhard Schmidt-Aßmann/Wolfgang Hoffmann-Riem（Hrsg.），Methoden der Verwaltungsrechtswissenschaft, 2004, S. 209ff.］。换言之，传统的方法构造通过理论附加被扩展，而非首先研究它（有缺陷）的静力学，继而把握住它的轮廓和新的构造。在上面描述的过程中，人们也可以看到一种放弃方法的表达。

IV. 法律（学）之诸固有法则的融合（混淆）

（解释之中）。[171]就此而言，必要的范畴尚付阙如：
只存在**一种**方法论，据其自身的表达它仅仅以法律
认知作为对象；也只存在**一种**法教义学，它无论如
何与法政策学存在明显的界分。由于这一反事实的

---

〔171〕 将某事刻画为"法**政策的**"应用领域已经很独特了：按照广
为流传的观点，只有当法律人持公开反对既存制定法状况的立场——因
而支持某种未来法——时，法律人（这也已经是种简略处理了，因为法
律适用者——寄发纳税通知单的行政官员、缔结租赁合同的私人、参与
了某部制定法出台的议员，或者参与了某份法院判决之形成的陪审
员——根据其培训绝非必须是法律人！）才在进行"法政策的"活动；
按照通行的观念，在（宪法）制定法框架内法律人在进行"法教义学
的"工作，故而（！）并非"法政策的"工作［持此观点的最新文献参
见 Poscher, Rechtsprechung（前引脚注 74），S. 130ff. 及其他各处，以及
"政治性的和教义性的法律生产"之间的区分（同上引，第 137 页各
处）；关于波舍（Poscher）的观点参见下文脚注 189］。值得一提的是，
在这里一种（法）政策上做作的行为，与一种方法的不偏不倚性（通过
被称为"教义性"的、享有科学的中立性之名的操作方式来纠正历史上
真实规范制定者的确定的内容）联结在了一起。一种广泛传播的、完全
不作消极理解的法政策学由 Eike von Hippel, Rechtspolitik, 1992 这本专
著奠定了基础，它同样包括了司法（S. 107ff.）和行政（S. 117ff.）。当
然，即便是这一范式依然是传统的，因为它不承认**一切**——立法的、司
法的、行政的，甚至私人的——法律创设行为都包含法政策上的形成自
由空间；故而依照传统的理解，法政策上的冒险行为要限于这样一些
（特殊的）情境，在其中向法律制定者明确——如关于裁量和判断余地
的传统观念的情形那样——开放出了决定自有的空间。故而人们仍不认
为，**一切**法律适用行为必然不包括以他治的方式（即不由有待适用的
法）来确定的决定要素，这些要素是由有权适用法律者在自身法政策评
价的基础上来满足的。这在很大程度上也是因为，法律科学领域的法政
策学（S. 183ff.）在根本上被还原为了传统上理解的"科学的政策建
议"，无论是以法律科学中的专家鉴定的形式存在，还是（同样）以由
法律科学家组成的专家委员会的形式（S. 192–197）存在。关于法政策
学的宽泛理解，参见下文 V. 2. f.，第 145 页以下。

声明，观察者变得疑虑不定：完全可以肯定的是，从方法论的视角来看，概念法学的涵摄实证主义是（虔诚的自我）欺骗，因此理所当然要被克服；但方法论——随之还有对法教义学的展示——采取的是这样的办法，即将法律适用行为中具有法律创造性的[172]部分消于无形，也即使得法律适用不外乎成为一个正确的（当然是，制定法）解释的问题。[173]就此就证实了这一怀疑：它说的不做，做的不说。[174]

在其（还原主义的）作为制定法解释的理解中，方法论当然有它耗费心神的对象，即法官的法的续造这一特殊现象，[175]甚至将（制定法或法）类比这些常见的现象整合进它的视野之中：在其命题内涵和界分性内容中，毋宁说是在努力获得以人为和充满艺术感的方式起作用的概念，如"法的发现"和

---

〔172〕 与法律**创设**相关之创造性意义上的法律创造性（参见前文 IV. 2. a，第 98 页以下）。

〔173〕 对此可参见 II. 3，第 61 页及以下。最知名的例外是汉斯-约阿希姆·科赫（Hans-Joachim Koch）与赫尔穆特·吕斯曼（Helmut Rüβmann）所写的，可惜直到今天在法学讨论中几乎没有被关注的《法律证立论》（1982 年）。

〔174〕 对此参见前文 I. 2. f，第 46 页及以下。

〔175〕 因而法官法和法官的法的续造也可以作为传统方法论的试金石。对此最近的文献一方面可参见 Poscher, Rechtsprechung（前引脚注 74），S. 127ff.，另一方面参见 Jestaedt, Rechtsprechung（前引脚注 98），S. 25ff.，及其他各处。

IV. 法律（学）之诸固有法则的融合（混淆）

"法的形成"。[176]在公法领域，伴随着裁量和判断余地、权衡[177]和所谓合宪性解释、风险评估和危险防范这些现象，方法论的困境就变得更大了。[178]一切都是——当然是客观的[179]——法律认知之处，断无法律创设的容身之地。[180]作为方法论上的无家可归者，法律创设只好流荡在传统的方法论之外。

但如果在有些粗糙地继受汉斯-格奥尔格·伽达默尔的哲学诠释学[181]的过程中（以前二十年的国家学说为出发点）传播这一相反的观点：解释不是对

---

〔176〕 证明参见 Jestaedt, Rechsprechung（前引脚注 98），S. 31 Fußn 21 和 22.

〔177〕 更详细的论述参见 Jestaedt, Rechsprechung（前引脚注 98），S. 44-46 及其证明。

〔178〕 也可参见 Krebs, Juristische Methode（前引脚注 170），S. 217 对于法学方法之"范围广泛的""瑕疵清单"的提示。

〔179〕 关于"客观的"（宪法）制定法解释具有代表性的观点，参见 BVerfGE 1, 299（312）；11, 126（130）；62, 1（45）.

〔180〕 意味深长的是，"法律制定"（或"法的制定"）或者"法律创设"（或"法的创设"）这些关键词从未出现在拉伦茨的《方法论》（前引脚注 25）及拉伦茨与卡纳里斯的《方法论》（前引脚注 25）的内容索引之中。最高法院院长在实践中占主流地位的理解，典型可参见 Günter Hirsch, Der Richter im Spannungsberhältnis von Erster und Dritter Gewalt, http://www. bundesgerihtshof. de/index. php? richter2（访问于 2005 年 9 月 26 日）.

〔181〕 例如参见 Gadmer, Wahrheit（前引脚注 132），最近的版本：5. Aufl. 1986. 关于其在法律科学讨论中之继受轨迹的证明，参见 Jestaedt, Grundrechtsentfaltung（前引脚注 30），S. 142f. Fußn 35；一个十分深入且值得一读的商榷性意见，参见 Eberhard Baden, Gesetzgebung und Gesetzanwendung im Kommunikationsprozeß, 1977, S. 96ff. 和 109ff.

什么既存之事的认知，相反，有待解释的规范只有在解释者理解的过程中才形成，因而法只能被理解为被述说之物，[182]这就是前门驱狼，后门进虎了。

正如这两种法律获取的观念是如此针锋相对，它们在这一点上也是如此地观点一致：法律获取在观念上要作一元论和整合主义的理解；如果说其中一种——所谓的评价法学[183]——众所周知在掩盖法律适用的法律生产性质的话，那么另一种——具体化法学——则在追问，在具体化思维的 ABC 中，究竟还要不要将制定法的拘束拼写在内。[184]两者都没有认识到法律获取的（存在于实在法本身之中的）二分性，只有它才使得阶层式分工的法律具体化和个别化成为可能。

---

〔182〕 对此参见前文 IV. 2. a，第94页及以下。对此更详细的论述参见 Jestaedt, Grundrechtsentfaltung（前引脚注 30），S. 141–155 及其他各处。

〔183〕 对此参见 Larenz, Methodenlehre（前引脚注 25），S. 119ff.，125ff.；关于从黑克的利益法学转换为评价法学的主张，在同时代的文献中参见 Harry Westermann, Wesen und Grenzen der richterlichen Streitentscheidung im Zivilrecht, 1955, S. 174ff.；也可参见来自远距离观察者的发展史阐述：Jens Petersen, Von der Interessenjurisprudenz zur Wertungsjurisprudenz, 2001；此外参见 René Rhinow, Rechtssetzung und Methodik, 1979, S. 24ff., bes. 28ff.

〔184〕 以所谓宪法具体化为例的更深入的阐述，参见 Jestaedt, Grundrechtsentfaltung（前引脚注 30），S. 155ff., bes. 160–164.

4. 教义学"能动主义"的自我理解：作为法源的教义学？

无论方法论整合主义是使得法律获取潜在地致力于法律认知，还是相反致力于法律创设：两个变种都一致同意的是，法教义学具有法律创设的性质，[185]因而教义学是作为法的（创设，而不仅是认知）渊源起作用的。[186]撇开这一点——这一假设很少被公开主张，更少得到证立——不论，它构成了一切形式的"客观"解释论，也即是不将规范制定者的主观意志视为规范解释之关键基点的解释论的前提。尤其是从晚近的方法和理论讨论中引人注目地显露

〔185〕 一切方法论具体化思维都隐含着这一命题：法律科学能够也应当以创设法律的方式起作用；最新的有代表性的文献参见 Lerche, Verfassungsnachholung（前引脚注 162），S. 633ff., 638. 关于科学**社会学**上无疑正确的观察，即"实践指向之标准作品和流行评注书……**事实上拥有法源的功能**"，参见 E. von Hippel, Rechtspolitik（前引脚注 171），S. 185（强调者非原文所加）。

〔186〕 对法律获取理论与法源学说之间的关系（参见下文 IV. 5，第 120 页以下）缺乏反思的一个证明是，虽然教义学的法律创造性至少以隐含的方式被主张，但依然没有将法教义学归类为一种法源；典型代表参见 Ruffert, Rechtsschichten（前引脚注 59）；相反参见 Rüthers, Rechtstheorie（前引脚注 6），Rn. 259ff.，他是为数不多的将"法官法的"法的（创设）渊源属性作为主题——并予以否认的人之一（Rn. 260f.）。关于法的认知渊源和法的创设渊源之间的区分与关联，参见前文 IV. 2. a，第 94 页及以下，尤其是第 99 页及以下。

出了将法学作为"调控科学"[187]——即不仅描述调控，而且自身也从事调控的科学[188]——的主张，以及"法教义学的"——与"政治的"相反——法律

---

[187] （以行政法学为例）代表性的作品参见 Eberhard Schmidt-Aßmann, Das allgemeine Verwaltungsrecht als allgemeine Ordnungsidee, 2. Auf. 2004, Kap. 1, Rn. 33ff. ; 进一步参见 Voßkuhle, Neue Verwaltungsrechtswissenschaft（前引脚注 170）, § 1 passim, bes. Rn. 39; 还可参见其此前的作品：der. , Methodik und Pragmatik im Öffentlichen Recht, in: Hartmut Bauer u. a.（Hrsg. ）, Umwelt, Wirtschaft und Recht, 2002, S. 171ff. 并 "裁判科学" 的表述（同上引，第179页），以及一种"分化-整合的（方法）范式"的建议。如果我没理解错的话，在法律科学层面上提出的调控科学的全包容性主张——它不限于追问，**法对**于法律适用者所要求、禁止和允许的是什么，而且也要考虑到并没有作为法律主题的全部调控性影响——之中，存在着一种观念，即个案裁判最终完全由制定法来决定（故而是**法律人的事**），进而，全部——法律的抑或非法律的——裁判要素都应当用一种在法律科学中出现的、由法律人面向法律人所表述的调控理论来描述；即便在这里，也是由——现在当然是"以自然科学的方式来告知信息的"[这一表述参见 Thomas Vesting, Nachbarwissenschaftlich informierte und reflektierte Verwaltungsrechtswissenschaft-"Verkehrsregeln" und "Verkehrsströme", in: Eberhard Schmidt-Aßmann/Wolfgang Hoffmann-Riem（Hrsg. ）, Methoden der Verwaltungsrechtswissenschaft, 2004, S. 253ff.]——法律人（不少时候，他作为法律人的属性默示地等同于法学家的角色）作出的决定。[从法律（获取）理论的角度看来起决定作用的] 法律获取（即法律个别化与具体化）要素的分化，即法律认知的部分与法律创设的部分的分化，并没有充分描摹出这种"分化-整合的"范式。

[188] 在此可以以偏概全地援引对法教义学的这样一种刻画，即它"在核心上涉及……参与法律生产之共同体对规范重要性的建构"[参见 Voßkuhle, Neue Verwaltungsrechtswissenschaft（前引脚注 170）, § 1 Rn. 6]。这里以十分具有代表性的方式表达出了法学家作为"参与法律生产者"的自我理解。

IV. 法律（学）之诸固有法则的融合（混淆）

生产的建构。[189]

造法性的法律科学无疑可算作是出于职业性的原因自认为比立法者和法律适用者更加聪明的学者的梦想。[190] 但所谓的"法学家法"在今天构成了一

---

[189] 对此参见 Poscher, Rechtsprechung（前引脚注74），S. 130ff., bes. 137 和150. 撇开其他的缺陷，"法政策的与法教义学的法律生产"这一——具有明确的辩护士式的基础特征的——区分不能掩饰，即使是它最终也感到有义务采纳一种整合主义的法律获取模式。例如当法官进行"法教义学的法律生产"时，如何以此为基础将对**既有**法的认知区分于对**将有**法的创设，而两者依然在法教义学的讨论中实施？什么是（法官）固有之物，什么是异质之物，什么是（法官）自治的，什么是他治的被决定之事？撇开这一反对意见不论，这里同样不赞成商谈理论式的乐观主义，即，尽管方法选择具有政治蕴含［波舍（Poscher, a. a O., S. 135f.）对此同样没有争议］，尽管缺少方法共识以及蔓延着的方法的任意性，最终可以找到正确的教义学——而这恰好意味着：**并非法政策的**——证立和裁判。从今日之观点来看，这明显低估了方法论和教义学的论证安排对于可证立之裁判的决定性效果及其数量（这是职业性自我欺骗的后果？）。"法政策的与法教义学的法律生产"这一区分看起来也是用——主要在术语上——修正了的样式来维持纯粹法学说对传统命题，即司法本身并不创设法提出的基础性批判。这还显现在这种二分式的区分之中：与立法者职责相同的"法政策学"与属于法官之事的"法教义学"相对。但制定法规的政府、制定行政行为的行政机关、缔结合同的私人又如何被置于这种两个世界的学说之中呢？二分法要被理解为二选一么？是否存在混合形式？如果存在的话，由此是否会终结恰好以这种二选一为基础的建构的能力？是否存在其他形式的法律生产？这些数量不多的问题已经表明，"法政策的与法教义学的法律生产"这一二分法抛出的问题要多于答案。

[190] 自我称为"客观"解释论的基本教条在于这种信念，即"制定法"恰恰可能要比立法者更聪明；仅举一些例子：BVerfGE 36, 342（362）——默示地采纳了拉德布鲁赫的表述：Gustav Radbruch, Rechtsphilosophie（3. Augl. 1932），Studienausgabe, 1999, S. 107. 关于对"客观"解释论以及"更聪明之制定法"命题比较有代表性的批判，参见 Baden, Gesetzgebung（前引脚注181），S. 87ff., bes. 105–109, 以及124

种寻找逝去之时光的冒险行为：在埃尔朗根[191]法学
者格奥尔格·弗里德里希·普赫塔（Georg Friedrich
Puchta）的时代仍能作为固有创设法律的、因而作为
"民族精神"之关键话筒起作用的东西，[192]已经随着

---

ff. , 173ff. , 184ff. , 192ff. , 216ff. 及其他各处；Koch/Rüßmann, Begründungslehre
（前引脚注173），S. 222ff.

〔191〕 出生于中弗兰肯地区的格奥尔格·弗里德里希·普赫塔
（1798—1846）从1816年开始在家乡附近的埃尔朗根大学法学院学习法
学，1820年他在这里取得博士学位和教授资格。1823年，普赫塔在其母
校成为编外教授，除了罗马法学科之外，百科全书、教会法以及德意志
法也可算作他的专业。从1828年开始，普赫塔先后担任了慕尼黑
（1828—1835）、马堡（1835—1837）、莱比锡（1837—1842）以及柏林
（1842—1846）大学的教授，很大程度上是得到了其榜样和导师弗里德
里希·卡尔·冯·萨维尼的提拔。

〔192〕 参见 Georg Friedrich Puchta, Curses der Institutionen, 4. Aufl. 1853,
Erster Bd. , Erstes Buch, Kap. II , § 12（S. 30 ——强调并非原文所加）的
关键性阐述："法形成为民族精神是一个不可见的过程……我们能看见
的，只是已形成之物本身，即法——在它从昏暗的作坊（它在此备用）
中出现并事实上形成之后。在其形成过程中可以采取三种形式：①民族
成员的直接确信，它彰显在他们的行动之中；②制定法；③**科学演绎的
产物**。给予法可见之形式的机关，被称为**法源**；它们是直接的民族确
信、立法和**学术**"；dems. , a. a. O. , § 15（S. 17——强调为原文所加）：
"……学术的任务在于，从体系化的脉络出发将法条认知为彼此限定、
来源于彼此的事物，以便将具体条文的谱系往后追溯到它们的原则上
去，并能从这些原则出发往下推出哪怕是最微小的分支。通过这种活
动，一些法条就被明确意识到并被实现了：它们隐藏于民族法律的精神
之中，但既没有显现于民族成员的直接确信及其行动之中，也没有显现
在立法者的表述之中，它们只是作为一种科学演绎的产品才以可见的方
式形成的。故而学术在前两种法源外成了第三种法源；通过它形成的法
就是**科学之法**，或者它通过法学家的活动被明确称为"**法学家法**"；
dems. , Pandekten, 8. Aufl. 1856, § 16（S. 28-30——强调为原文所加；原
文的注释在此一并被复述）：§ 16，"科学之法。学术活动部分是一种继

118

IV. 法律（学）之诸固有法则的融合（混淆）

科学被驱逐出（法律创设之）伊甸园后丧失了它存
在的正当性。随着宪政国家之完全实证化，法学院

─────────────

受性的、对来自于其他法源之法（涉及对它的批评和解释，在前面的章
节中首先是针对制定法提到的，但它们也适用于对习惯法的认知）的认
知，部分是一种创造性的认知，借此学术本身位列法源的行列。基于直
接之民族确信和立法权的外部权威要回溯到它的原则上去，并作为一个
体系，互为前提和相互限定之语句的整体来把握。但即便是最完善的习
惯法和制定法，相对于新产生之法律关系的无穷多样性也会显得不完
善，体系同时出这些漏洞并对它们进行填补。在许多案件中，法官都感
到被现实的民族确信和立法者所离弃，在此学术就作为补充性的法源出
现，因为它从既存法的原则中推导出有待适用的法条。这样一个法条以
内在的理由，以权威为基础，这一权威赋予它科学上的真值，而这种真
值构成了其有效性的条件；它在法学家的观点和活动中的浮现只意味
着，对于这样一种观点——最受尊敬的法学家认为它是真的（主流观
点、博士的共同意见）并被法院所主张（实践）——而言可以去猜测其
为真，这种猜测适用于负责任的法官，除非他确信相反的观点是对的；
但如果他确信它是不对的，那么对他来说它将丧失权威。人们也可以将
科学之法称为法学家法或实践之法（只要它在法学家及其活动中显现），
但这些表述不限于科学之法，它们指称的是一切具有这一显现形式的
法，而这也可以是习惯法，在此法学家的观点并不是以科学的方式、通
过一种科学的操作来调查得知的，而是直接的民族观点，它们主要是在
身处法律状态的民族成员之中，而非这个民族的自然代表在法律事务之
中实现的。对于广泛地提出一种通过来自以其他方式存在之法的推论进
行内在证立之主张的法条而言，情形就是如此。对科学法的认知及其方
法并不是特殊规则的对象，而是全部法学说的任务。一般说来，要通过
双重的操作步骤来实现这一点：①从原则（案件据其性质可归属于它
们）中推导出法条（法学推论）；②证明这一推论在相同情形下同样会
出现在既存法之中（类比）。"在他之前，他的导师弗里德里希·卡尔·
冯·萨维尼就在等义上谈论"科学法"了［System（前引脚注 39），
Kap. II，§§14 和 15（S. 45ff. 和 50ff.）以及 §§19 和 20（S. 83ff. 和
S. 90ff.）］。对此更详细的阐述参见 Ogorek, Rihterkönig（前引脚注 60），
S. 144ff.，197ff.，bes. 198ff.，232ff.

不再是被实在法认可的法律制定者了（人们可能会对此感到遗憾，但必须承认这一点）。根据实在法，"法学家法"从真正的法律创设渊源被降级为纯粹的法律认知渊源。[193]

托马斯·霍布斯早在 1651 年《利维坦》的英文初稿中就打破了关于造法之科学迷梦的权杖："学者的权威"——在拉丁语版中用的是"博士和作者"（*Doctores & Scriptores*）[194]——"……无法使他们的观点成为法，它们从来就不曾如此。……因为虽然它自然是合理的，但只有通过主权者的权力才能成为法"。[195] 即便在今天，法和法律科学之不同固有理性的分层也无法被表达得比这更简洁和确切了。

5. 法律获取、法律方法
与法源学说的关联

虽然法律获取理论、法律方法论和教义性法源

---

〔193〕 相同的观点参见例如 Rüthers, Rechtstheorie（前引脚注 6），Rn. 260f. 关于法的认知渊源和法的创设渊源之间的区分与关联，参见前文 IV. 2. a，第 99 页及以下。

〔194〕 Hobbes, Leviathan（前引脚注 109），cap. 26, S. 132f.

〔195〕 Thomas Hobbes, Leviathan, or The Matter, Former, & Power of a Commonwealth Ecclesiasticall and Civill, 1651, Chap. 26, S. 143.

学说之间的既有关联极少被注意到，[196] 但它无论好歹（或许更好的表述是：或明或暗地）都是现实存在的——这是支持法理论模式构造具有实践相关性的第一个持久证明。主流法学讨论中**缺少**一种动态的法律获取理论（它严格区分法的认知要素和法的创设要素，并形成彼此之间的关系），这也可以在如下情形中找到其对应物：

　　—— 一方面，是一种将制定法解释潜在地作为唯一对象的方法论，它遗忘了对其他法律规范进行解释，并使得作为法政策活动的法律规范的创设隐而不见。

　　——另一方面，是这样一种法源学说，它剥夺了司法的、行政的和私人的个案法律制定行为（法院裁判、行政行为、私人法律行为）法律规范的性质，并将法教义学——大多数时候当然只是在实质上，而不是在用语上——作为创设法律的层级包含进法源规范之中。

---

〔196〕 就此而言，一个值得称赞的例外参见 Rüthers, Rechtstheorie（前引脚注 6），Rn. 655ff. , bes. 656.

V.服务于法律科学与法之
固有法则的法理论

在前述关于法之固有法则与法律科学之固有法则的分离和融合的考量框架中，已经概括地浮现出（意识到其双重任务的）法理论对于法实践所能满足的功能。通过感到有义务来阐明（实在）法的特征与运作方式，并在此基础上对法与（以与法律适用相关之方式来作业的）法律科学间的关系进行反思和结构化，[197]法理论能"对法律人行为的自我认知、自我证实和自我批评作出重要的贡献"。[198]换言之，在这样一个——在其中不仅在实质意义上，而

---

[197] 为了清晰性的缘故要再一次提醒大家注意，这里所说的法理论在很大程度上指的是**法律科学理论**——作为这样一门元学科，它对组成法学的分支学科之间的区别和归属关系进行反思，从而构造出对于法律科学而言具有决定性的一般科学理论的分支——的知识。

[198] 引自 Rüthers, Rechtstheorie（前引脚注6），Rn. 25.

且在科学学科中分化的趋势不断加强，因而（有待加工之信息和观点的洪流）对法律适用者以及以与法律适用相关之方式来作业的法学家一再经常提出过高要求——世界中，法理论（作为规范科学式的观察者学科[199]）能传授不可放弃的导向知识。除了已经说过的外，下文还将作更详细一些的展开。[200]

1. 对法律科学之固有法则的保护机制

与原来的顺序相反，我们首先来阐明法理论为（在这里和其他地方一样：指的是以与法律适用相关之方式来作业的）法律科学之固有法则所准备的保护机制。为了把握已作为主题论述过的那个二分法，[201]后文可以区分外部的和内部的、**跨**学科和学科**内**的视角。

a) 作为"边防哨学科"的法理论

在跨学科的视角，即在法学与相邻学科的对

---

〔199〕 对此参见前文 II.2，第 57 页以下。

〔200〕 对法律科学的保护机制（第 1 点）与对法的保护机制（第 2 点）的划分当然不能被理解为严格的二选一；对保护功能无法作不重叠的归类。但出于启发式-展示性的目的有必要采取这一划分。

〔201〕 对此参见前文 III.4，第 83 页以下。

话中，[202]法理论具有一种规范科学之门卫或一门
"边防哨学科"的功能，[203]它可以检测相邻学科的信
息、视角和定理对于以规范科学的方式来作业之法
学的意义及其关联能力。[204]

因而在跨学科对话中，相对于应用型法律科学，
法理论承载着网络技术领域防火墙[205]的功能：[206]它
作为一种法律科学上的病毒防护机制——作为一种

---

〔202〕 因为在这里以及后文中，法律科学被理解为以与适用相关之
方式来作业的法学分支学科，即法律方法论和法教义学的缩略语，所以
即便是其他法学分支学科，如比较法学、法社会学、法哲学或法律史学
都在相近的意义上被认为是"相邻学科"；**就此而言，跨学科的视角与
学科内的视角相重合了。**

〔203〕 如参见 R. Dreier, Allgemeine Rechtstheorie（前引脚注 10），
S. 21，他援引了伊瓦尔·阿格斯（Ivar Agges）基于一般法学说来铸造的
表述"法律科学边界上的观察哨"［in: Festschrift für Herlitz, 1955,
S. 9. ——这里引自 Stig Strömholm, Hauptströmungen der schwedischen Re-
chtsphilosophie und Rechtstheorie in der Nachkriegzeit, in: Rechtstheorie 3
(1972), S. 35（45 及 Fußn 13，也可参见 S. 61："在法学和相邻学科之间
的——边界上放哨"）］。类似的观点参见 Rüthers, Rechtstheorie（前引
脚注 6），Rn. 25："法理论具有边界性的地位"。

〔204〕 对此尤其参见 R. Dreier, Allgemeine Rechtstheorie（前引脚注
10），S. 17f.，21f. 和 31 及其他各处，他同样用"选择性过滤器"的概
念来称呼法理论的角色（a. a. O.，S. 22）。

〔205〕 即便并不十分有隐喻上的迫切性，在真正系统论的术语中，
人们也可以就这种内部保护机制来使用"nac"（"网络准入控制"——
思科系统）、"nap"（"网络访问保护"——微软）或者"tap"（"总体
访问保护"——Check Point）。

〔206〕 防火墙位于具体网络或电脑系统间的接口上，控制着部分领
域之间的数据传输，为的是阻止不被希望的传输，只让被希望的传输通
过。对防火墙最经常之使用的情形是，控制局域网（LAN）和互联网之
间的传输。

规范科学上的防火墙——起作用，并从事着系统
（法律科学）与其环境（相邻或也包括陌生科学）间
的接口管理工作。由于跨学科的外部联系变得越来
越必要和不可避免，[207]也加大了这样的需求，即对
渗入系统的信息加以筛选和过滤，从法律科学的视
角出发，保护自己免于不可用的（"垃圾"），尤其是
有损于法律科学之固有法则的概念、观念、模型和
方法的干扰。[208]一旦人们"感染"它们，这类"病
毒"和"蠕虫"就会使系统瘫痪；所谓的"特洛伊
木马"甚或"逻辑炸弹"被编入了（一眼看上去）
有用的密码之中，它们通常不引人注意地、延时地、

---

[207] 以行政法学为例，对此参见 Voßkuhle, Neue Verwaltungs-
srechtswissenschaft（前引脚注 170），§ 1 Rn. 37ff.；进一步参见 Möllers,
Methoden（前引脚注 29），§ 3 Rn. 42, 43f.（历史学关联），45f.（经济学
关联），47ff.（社会学关联），50（自然科学关联），51（文化科学关联）
及其他各处。

[208] 学科的导向知识就此而言更加重要，即鉴于需被考虑之不同
来源和价值的信息数量庞大、内容多样，有规范类型的，也有非规范类
型的，有权作出决定的法律适用者——无论是立法者、行政官员、法官
还是私人法律"利用者"——和法学家所要满足的高要求在不断增加。
关于以急剧增长和大大加速的方式涌现的高要求，及其对于法理论之需
求曲线的反作用，参见 R. Dreier, Allgemeine Rechtstheorie（前引脚注
10），S. 17f. 及 Fußn 39（作者在此同样与卢曼进行了商榷：Nikla Luh-
mann, Rechtssystem und Rechtsdogmatik, 1974），以及 S. 21，他在此援引
了 Wilhelm Wundt, Logik, Bd. II/I, 2. Aufl. 1894, S. 560（"当这一时刻来
临时，就会发生这样的事：法律科学不再像今天仍有人求助于它们那样
被作为最简单的学科，而是被作为最难的学科之一，因为它事实上或许
要以最广泛的知识作为前提"）的说法，称之为"普遍迷失方向的时
刻"。

潜伏式地展开其扰乱（摧毁）系统的力量。这里需要一个（一再刷新的）免疫系统，它要能以可靠的方式将与系统不兼容的入侵者防御在外。在另一个视角下，法理论（注意：是有义务保护法和法律科学之固有法则的法理论）也可以与功能良好的防火墙相比：享受其保护的人（只要他活跃于系统信息加工的准备阶段）很少会注意到它；但没有它保护的人（假如万幸不在他这一边的话）就会大吃一惊，并见证其系统的瘫痪。

要特别强调的是，这里并不是要建立一座防御陌生科学或相邻科学入侵的碉堡，以沉溺于一种带有好斗的陌生科学恐惧症的内向的法律科学自闭症。从法学的视角出发，作为法律（学）之固有法则学科的法理论以特别的方式所从事的接口管理，尽管会导致过滤从而也必然会导致筛选，但绝非无差别地对系统外来的知识进行防御。选择的标准在于相邻学科知识的（在法律和）法律科学上的关联能力以及通过能力，换言之是这个问题，即相关知识能否以及在多大范围内可以基于（法和）法律科学的固有法则被重述。对体系外来信息的继受是（这同样只是对某一门学科关于认知对象与方法之认同构

成化的重复和结果〔209〕）以结构上独白的方式来进行
的：它完全是根据（法或）法律科学的规则来进行
的。随着继受的过程，从法学视角看来首先属于陌
生科学性质的信息变成了法律科学性质的信息。由
此——也是为了消除顾虑——并没有例如提出一种
科学帝国主义式的法学独特性主张。完全相反，法
律科学的主张和范围被相对化了。因为一方面，跨
学科"外部"联系的独白式结构并不是法学的特性，
而出于学科整合和方法论同一性的目的以相同的方式
适用于**一切**学科；另一方面，这种独白式结构——为
了保持清晰性——只在法学的界限内起作用，故而没
有超越界限的效果。

　　由此就瞄准了学科间、跨学科或多学科的咬合定
理。首先可能要回答这个问题，即"关键概念"〔210〕

---

〔209〕　对此参见前文 III. 1，第 70 页及以下，尤其是前引脚注 83。

〔210〕　对此有代表性的作品参见 Gunnar Folke Schuppert, Schlüsselbegriff
der Perspektivenverklammerung von Verwaltungsrecht und Verwaltungswissen-
schaften, in: Die Verwaltung Beiheft 2 (1999), S. 103ff.; Andreas Voßkuhle,
"Schlüsselbegriff" der Verwaltungsrechtsreform, in: VerwArch 92 (2001),
S. 185ff.; ders., Neue Verwaltungsrechtswissenschaft (前引脚注 170), § 1
Rn. 40f. 以及大量的例子（a. a. O., Rn. 41）; Susane Baer, Schlüsselbegriffe,
Typen und Leitbilder als Erkenntnismittel und ihr Verhältnis zur Rechtsdogmatik,
in: Eberhard Schmidt – Aßmann/Wolfgang Hoffmann. Riem (Hrsg.), Methoden
der Verwaltungsrechtswissenschaft, 2004, S. 223ff. 对此的批评例如参见
Oliver Leipsius, Steuerungsdiskussion, Systemtheorie und Parlamentarismuskri-
tik, 1999, S. 18ff.; Hans Christian Röhl, Verwaltungsverantwortung als dogma-
tischer Begriff? in: Die Verwaltung Beiheft 2, 1999, S. 33ff.

"架接模型"[211]和"纽带"观念[212]——比如当时的典型范畴"网络"[213]"等级式多层系统"[214]或"治理"[215]——在多大程度上不仅涉及从法律科学的视角和层面来看模式化的定理和概念（它们仅仅能满

[211] 例如参见 Hoffmann-Riem, Methoden（前引脚注31），S. 60-62（及"架接构造的"类型学，分为"架接方法""架接资料""架接理论"和"架接概念"）。

[212] 关于"跨学科之纽带概念"这一范畴，参见 Gunnar Folke Schuppert, Verwaltungswissenschaft, 2000, S. 46. 关于"纽带概念之功能性"的恰当批评，参见 Christoph Möllers, Theorie, Praxis und Interdisziplinaritätin der Verwaltungsrechtswissenschaft, in：VerwArch 93 (2002), S. 22 (44ff.)；自我管理的例子参见 Matthias Jestaedt, Selbstverwaltung als "Verbundbegriff", in：Die Verwaltung 35 (2002), S. 293ff.

[213] 对此特别参见 Karl-Heinz Ladeur, Toward a Legal Concept of the Network in European Standard - Setting, in：Christian Joerges/Ellen Vos (Hrsg.), EU Committies：Social Regulation, 1999, S. 151ff.；Thomas Vesting, Gegenstandsadöquate Rechtsgewinnungstheorie - eine Alternative zum Abwägungspragmatismus des bundesdeutschen Verfassungsrechts? in：Der Staat 41 (2002), S. 73 (90).

[214] 只需参见 Ingolf Pernice, Europäisches und nationales Verfassungrecht, in：VVDStRL 60 (2001), S. 148 (175)；Franz C. Mayer, Europäische Verfassungsgerichtsbarkeit. Gerichtliche Letztenscheidungen im europäischen Mehrebenensystem, in：Armin von Bogdandy (Hrsg.), Europäisches Verfassungsrecht, 2003, S. 229 (264ff., 269f., 270ff. 及其他各处). 从法理论的角度予以批评的作品参见 Matthias Jestaedt, Der Europäische Verfassungsverbang-Verfassungstheoretischer Charme und rechtstheoretische Insuffizienz einer Unschärferelation, in：Gedächtnisschrift für Wolfgang Blomeyer, 2004, S. 637 (657ff., bes. 662ff.).

[215] 对此尤其参见 Gunnar Folke Schuppert, Verwaltungsorganisation und Verwaltungsorganisationsrecht als Steuerungsfaktoren, in：Wolfgang Hoffmann - Riem/Eberhard Schmidt - Aßmann/Andreas Voßkuhle (Hrsg.), Grundlagen des Verwaltungsrechts, Bd. 1, 2006, § 16 Rn. 20ff., 31ff. 及全文各处。

足**它的**跨学科需求）。但即便将这抛在一边，这一希望也可能是虚幻的：（经过长时间的思考后）能找出和查明真正的跨学科（或许更好的说法是：双学科或多学科）咬合定理，也即是同时且在同等意义上归属于两门甚至多门学科的定理，它们不在一种与此操作性的"地面活动"无关的抽象层面上运作。最后，只有一种关心其方法同一性及其学科整合的法学才能以（对于其他科学同样）富有成效的方式进入跨学科的"对话"之中。[216]

b）作为"法律解剖学"的法理论

如果向内运用，也即特别是从参与者视角（即法律方法论[217]和法教义学）出发相对于法律科学的诸分支学科，法理论由此呈交出定位知识和导向知

---

〔216〕 事实上与本书观点一致的特别参见 Möllers，Theorie（前引脚注212），S. 22ff. 学科同一性与跨学科对话之间的关联，或者被反思之学科**内部性**与实质上的**跨学科性**之间的关联，参见 Czada（前引脚注114），S. 23ff.

〔217〕 （在某种意义上相比于教义学距离实践较远的）方法论在下文中只处于边缘性的位置；我曾阐明一种聚焦于法和法律科学之固有法则的法律获取理论对于法学方法论的影响：Jestaedt，Grundrechtsentfaltung（前引脚注30），S. 262-378；ders.，Auslegung（前引脚注83），S. 133-158.

识，它从宏观 [218] 和细节上呈现出**法律**固有法则的性质和结构，进而使与法律适用相关的工作者能作一种附带的（自我）审查。[219]

在这里也可以作一个比较：法理论相对于法律方法论和法教义学说来，承担着好比解剖学相对于外科学的那种功能。要注意到：正如人们很少能单独运用解剖学的知识来治愈疾病，人们也很少能单独运用法理论上的操作步骤来解决某个法律案件。反过来的关系当然也是成立的：正如没有相关解剖学知识的外科医生是在拿病人的生命冒险，"不负担"法理论的法教义学者（和法律方法论学者）也是在相信，他在法理论上的盲目飞行不会导致任何不利的后果。

法理论学者与法教义学者（和法律方法论学者）

---

〔218〕　在宏观层面上，特别是受法律（获取）理论启发之对方法论（不仅是法律认知的方法，也是法律创设的方法）和教义学（分为法律认知教义学和法律创设教义学）倍增之要求，接近于对法律固有法则之性质和结构的认知［对此更详细的阐述参见 Jestaedt, Grundrechtsentfaltung（前引脚注 30），S. 320–327］。

〔219〕　由于它在根本上——首先是内容中立的——是法律结构理论，法律（获取）理论此外还促发了一种分析性的视角，它不固守民法学、公法学和刑法学之间的传统教义学界限，并质疑主流特殊方法论和教义学。这里只是作为命题来注明，从批判性法律获取理论的角度来看，只有很小一部分以特定的私法、公法或刑法为前提的方法论和教义学能被证成这一地位；这里不是对这一命题进行充分证立的合适的地方。

的区别在于，以理想类型来观之，他[220]拥有的是纯粹的观察者的地位，就仿佛像位不偏不倚者在追踪着法律适用的"游戏"。[221][222]作为观察者，他没有压力来作出利益引导式的裁判，也即是必然对法律适用"游戏"之出口感兴趣。法理论知识本身从来就没法决定一个"案件"，因而（至少从结构的角度来看）基本上也没有这样的危险，即为了得出一个被希望的结果而去简化论证和反思。完全相反：法理论上的反思无论如何是以增加复杂性的方式发挥作用的，因为它将法律本身的问题处理和体系适应能力的庞大数量和丰富多样性展现在恰好倾向于减少决定可能性和降低复杂性的法律适用者与法律适用科学家的前面；[223]借助于法理论，在疑难情形中会发现而非排除更多的可能性——就仿佛借此将目

---

〔220〕 要注意：就此而言，法理论学者将其活动理解为完全是描述-分析性的活动。对此参见前文 III. 1，第 70 页及以下。

〔221〕 关于观察者理论与参与者理论的区分，参见前文 II. 2，第 57 页以下。

〔222〕 不言而喻的是，当在这里以及在后文中将法理论、法教义学和法律方法论拟人化时，所指的仅是分析性的理想类型；决不能就此误识的是，这里所涉及的仅仅是同一个人能够以积累的方式来满足的角色。关于同一个人的多元角色所并发的问题，参见下文第 VI 部分，第 147 页以下。

〔223〕 也可参见接下去的 V. 2. a 至 d，第 133～141 页。

光转回到了实在法上去。[224]此外，有别于以与法律适用相关之方式来作业之法学家，法理论学者至少在原则上从来就不对其对象，即具体的实在法采取肯定性的立场；[225]这一点也有利于（对实在法作）一种尽可能是法律现实主义的[226]功能分析，即以"不参与的方式"去观察事实上存在的法。

2. 对法之固有法则的保护机制

就如所指明的，法理论保护法的固有法则免于相竞合之现象，如道德、政治或宗教的侵扰的根本方式在于，它看护着法律（适用）科学的固有法则。

---

[224]　这里的例子已成为传奇。据需要举一个：在关于所谓基本权利在私法中之第三人效力的讨论中，这种法理论知识一再遭受猛烈的抨击：私人自治和从中推导出的对私人进行法律创设的授权（以契约、单方法律行为或其他方式存在）最终不外乎是受国家（即通过——要求和确保基本权利之——国家制定法，尤其是但不完全是以民法典的形式存在的）委托的法律创设授权。对这种解释的反对是如此顽强，因为国家委托进行法律制定的资格会产生两个——在法理论上能被轻易证伪的——要被断然拒绝的法律后果：一个是，在此情形中就不再能存在任何实质性的私人自治；另一个是，作为法律制定者的私人必须要服从于国家的仁慈和国家权力的拘束（指的是：基本权利的拘束）。从两个视角看，实在法解决问题的多样性被教义学的表面逻辑掩盖了。

[225]　对此已可参见前文 II. 2，第 58 页以下，以及 III. 1，第 73 页。

[226]　关于在此作为基础的关于法律现实主义的理解，参见前文第 III. 5. b) 部分，第 87 页及以下。

但除此之外，法理论还以特定的方式支持和保护着法的独立地位免受以教义学的方式来运作之法律科学本身的侵扰，因为它在其——保障法的固有法则的——学科门槛（受法理论启发之学科分化了的法律方法论和法教义学）中表明了这一点。

我们要借助于五个关键词来说明，法理论是如何保护法免受法教义学的侵扰的（打个折扣的话，人们也可以表述为：法理论是如何保护法律事务工作者的活动免受法学家之苛求的干扰的）。它们决不是互不重叠的，但它们都是一种意识形态批判的-结构（主义）的基本模型。

a) 通过语境化的相对化

第一个关键词是：**通过语境化的相对化**。[227] 首先，法学的对象是人类所造的法，并不是一种抽象于时空的，即跨越时空的法。人类的法，即实在法，作为具体的调控媒介，只能在特定的语境中且相对于特定的语境才能主张效力：它是受制于立场的法。如此它就无法脱离开构成其语境之（从法律的视角来看是构成性的）事实。现在在这里去追踪一种致

---

[227] 对此也可参见 Möllers, Theorie（前引脚注212），S. 22ff. 及其证明。

力于获得法*的本质直观的观念论教义主义，而非具体的由人类之手造出的法的事实，与此并不相符。

其次，法教义学上的宏大公式、原理和体系划分——例如这样一些二分法：私法与公法、外国法与内国法、实体法与程序法、客观法与主观法，或者如我们所看到的，法的制定与法的适用[228]（对它们要运用超越具体领域的引导知识和导向知识）——恰恰被证明并不是固定的和法律本质上的，而只是动态的和法律内容上的——因而依赖于欧陆法律传统的——概念和现象。[229]进一步来说，这里——如权利能力、法律人格[230]或违法[231]——主要涉及的是

　＊　作者在该处用的是"'das' Recht"，意指一般意义上的、抽象的法，而非具体的实在法，如美国的、德国的、中国的法。——译者注

　〔228〕　对此参见前文 II. 3，第70页及以下。

　〔229〕　对这种对立组合进行相对化甚或理性化的引领性文献，参见 Kelsen, Reine Rechtslehre, 2. Aufl.（前引脚注64），S. 130ff., 236ff., 239ff., 284f., 285ff. 关于私法与公法之关系的特别论述，参见这本论文集中的论文：Hoffmann-Riem/Schmidt-Aßmann（Hrsg.），Wechselseitige Auffangordnungen（前引脚注106）.

　〔230〕　关于这两者参见 Jestaedt, Verwaltungsorganisationsrecht（前引脚注130），§ 14 Rn. 20ff. 及其证明的提示。如果考虑到，权利能力或法律主体性并不是一种好像作为实在法上的权利和义务分配至前提的、某个人在法中的实体性属性，而是，不仅法律上的人只是一种法律创造物，而且某人的权利能力或法律主体性只在此条件下存在，即是法秩序使得这个人成为权利和/或义务的归属主体，那么显而易见的是，从权利能力或法律主体性这一属性（它不外乎是对权利和/义务束的缩略语）出发，原则上——即，只要实在法没有不同规定——是**无法**推导出关于其他权利和义务之立场的任何结论的。

纯粹的关系性概念，它们只有在各自具体的语境中才会具有意义相同的内涵。[232]如果这类概念被超越语境来运用（也即是去语境化），那么人们就在运用同形异义词，即同一种语言的外形涵盖了多种语义内涵。不少时候，从两个现象在（法律）语言上以相同的方式被指称这一点会不假思索地推导出，它们也要在法律实质的意义上被同等对待。[233]更谨慎的表述是：法理论上所归纳的语境化恰恰不利于法教义学上的概念构造的存储功能；如果这些概念构造——在某种意义上通过一种法理论上被表述的法的相对性理论——被降级为纯粹的法律内容概念和关系性概念，那么运用教义学存储概念来进行的减轻工作负担和确保导向的操作方式就将被大大摧毁。

〔231〕 对此更深入的阐述参见 Christian Bumke, Relative Rechtswirdrigkeit, 2004，及其广泛的证明。

〔232〕 在其他条件不变的前提下，这里的情形与维特根斯坦的"语言游戏"理论所面对的情形是一样的：只有在一个固定的符号使用情境中，某个语言符号才是相对（是的！）清晰的〔对此有代表性的作品参见 Baden, Gesetzgebung（前引脚注181），S. 161ff.，bes. 184ff. 及其他各处〕。

〔233〕 以自我管理的概念为例进行的讨论，参见 Jestaedt, Selbstverwaltung（前引脚注212），S. 297ff.

b) 对法的偶然性的保护

第二个关键词——"对随意性的辩解"[234]——指向了类似的方向：法理论并不防御实在法的随意性和历史性，也即法的偶然性，恰恰相反，它要保护法的偶然性。更尖锐地说：法理论保护着实在法的偶然性免于法教义学之连贯性的侵扰。

更疼的当然还是冯·基尔希曼捅进法学家体内超过一个半世纪的入肉之刺，即成为偶然性的奴仆、偶然的科学家："法学家通过实在的制定法变成了蠕虫，它们只能寄生于腐烂的木材之上；它们远离健康的木材，只在患病的木材上巢居和活动。由于这门科学将偶然性作为其对象，所以它本身也变成了偶然性；立法者修正三个词，就会使整个图书馆成为一堆废纸。"[235]这篇文章所支持的这种主流的"客

---

[234] "终极哲学怀疑论"（如此这般的自我刻画参见 Odo Marquard, Vorwort, in: ders., Zukunft braucht Herkunft, 2003, S. 7）的哲学基础参见 Odo Marquard, Apologie des Zufälligen (1984, 修订于 1985/1986), in: ders., Apologie des Zufälligen, 1986, S. 117-139（重刊于 der., Zukunft, a. a. O., S. 146-168）.

[235] von Kirchmann, Wertlosigkeit（前引脚注 16）, S. 25. 这里所显露出的对立法者的不敬即便在今天——当然是以更精微和更隐匿的方式——仍可以找到其辩护者；对这种形式的对于立法者（尤其是议会）的保留充满激情的辩护，参见 Lepsius, Steuerungsdiskussion（前引脚注 210）, passim. 为了完整性，要补充的是 von Kirchmann (a. a. O., S. 45)（强调并非原文所加）同样合乎逻辑地对将政治从法学中分离出来的做

观"解释论，即制定法要比立法者更聪明，[236]只是不充分地掩盖了对偶然性的恐惧，它直到今天依然纠缠着法律科学，并撕咬着它的自我意识。正如我们最迟从俾斯麦（Bismarck）侯爵的那句被广泛引用的警句中得知，制造制定法（或一般性地说，制造法）就如同制造香肠那般是件耗费心神的事，这也不能改变，只有那些被各个主管当局（它们具有人类的一切不足）设立的规则才构成现行法。[237]**法教义学者**不能充分运用其在恰当情形中更大的聪明才智和深谋远虑来反对现行法，而只能——在必要时以一种智识上屈从的方式——服务于它。撇开这一点不论，他理所当然可以**作为法政策学家**去支持某部在他看来更好的法。[238]

法进行了控诉："……人们不会反对这样的攻击，即这类事物不属于法律科学，而属于政治和立法的技艺。**这恰恰是法学的可悲之处：它将政治与自身相分离**，从而自认为没有能力去掌握甚或引导新的构造物的材料与途径，而所有其他科学都将此视为其根本性的组成部分，作为其最高的任务。"

〔236〕 证明参见前文脚注 190。

〔237〕 与此情境相关的参见 Clemens Jabloner, Stufung und "Entstufung" des Rechts, in：ZÖR 60（2005），S. 163（164——强调为原文所加）："……实证主义的重点在于，更清晰地强调出了法秩序（这是失败的人类作品）的**实质性割裂**"（我们可以补充道：这必须被忍受）。

〔238〕 一如既往地值得一读和值得牢记的是阿道夫·尤里乌斯·默克尔在 1916 年就已经构想过的那种角色划分（分配）和角色扮演："……法律实务工作者有时视为美德的东西（即，他"首先作出裁判，接着去为此寻找理由"：该句为作者所加）对于法理论家来说会被视为严

c) 体系怀疑论

第三个关键词的口吻更具挑衅性: **反对体系的管束**。[239]正如卡尔·奥格斯特·埃姆格 (Carl August Emge) 教导我们的, 体系 "始终是一种内容上走得太远的'理性'的冒险行为"[240]。换言之, 体系设计必然会成为前提贫乏, 同时也成果丰硕的思维构造物。[241]教义法学在多大程度上是一门体系科学, [242]

重的错误。法律实务工作者是法律人, 也是人, 这不反对现在他的身上, 也体现在他的行动之中! 人们会原谅他做出某些非法律的、有利于他成为完人这一**伦理假设**的行为。但在法理论家那里, 这种情况是不对的; 他可以纯粹地被切割为所谓的人的存在和法律人的存在, 它们看起来总是不相容的。无论出于何种对人性的顾虑去缩减他的法律知识, 这都违反了纯粹认知的预设。法理论家认识法, 而实务工作者改变它 (只要他是实务工作者就已经在这么做了)!" [Interpretationsproblem (前引脚注 83), S. 70——强调为原文所加]。

〔239〕 为了对另一个**马尔库阿尔德式的**标题表示敬意, 可以在特定意义上同样称之为 "告别原则" [参见例如 Odo Marquard, Abschied vom Prinzipiellen (1981), in: ders., Abschied vom Prinzipiellen, 1981, S. 4 - 22, 重刊于 ders., Zukunft (前引脚注 234), S. 11-29]。

〔240〕 Carl August Emge, Einführung in die Rechtsphilosophie, 1955, S. 378.

〔241〕 由此所表达出的无非是一切复杂性化约都会面临的两难困境: 它是必要的, 从而可察知印象和领悟知识, 但它由此也不可避免地减少了认知 (的可能性)。

〔242〕 关于科学之体系性的基础性作品, 参见 Immanuel Kant, Metaphysische Anfangsgründe der Naturwissenschaft (1786), in: ders., Werausgabe IX, hrsgg. von Wilhelm Weischedel, 3. Aufl. 1980, S. 7 (II - Vorrede): "每一个学说, 如果它成为一个体系, 即一个依照原则来组织

就会在多大程度上对此予以尊重：例如通过诉诸事物本质、建构物内部的逻辑，或者直接诉诸"那个"体系，它并非独立自主，并将目光放在——尽管并不满足体系纯粹性的主张，但却是有效的——现行法之上。[243]实在法恰恰不是几何模式或体系模式的，因为它是借人类之手制造出来的法。

由教义学提供的体系设计——自我理解和证成为对现行法的描摹[244]——不外乎总是要依据——当然有时完全不是以体系的方式彼此协调的——实在

之知识整体的话，它就被称为科学……"对于法学而言具有引领性的作品参见 Claus-Wilhelm Canaris, Systemdenken und Systembegriff in der Jurisprudenz entwickelt am Beispiel des deutschen Privatrechts, 2. Aufl. 1983, passim, 关于体系思维和法律获取间的关系尤其参见 S. 86ff. 和 S. 112ff.

[243] 从不可预见的大量情形中只需提出两个例子：第一个是所谓的无效教义，据此，未能满足法所设立之创设性前提的规范根据法是无效的。这一"教义"还从没有毫无例外地适用于违宪的制定法过，它更多是歪曲而非复述了实在法的现实，法律创设的缺陷与现行法之无效结果之间的关联毋宁说只是（静态的）例外而非规则，这两点只是经过漫长而蹒跚的过程才被接受为知识。第二个例子是关于国际法与国家法（或共同体法与成员国法）之间关系的一元论和二元论解释之讨论之间的虚假的法律体系关联；这里占支配地位的同样是关于讨论之法理论必要性的错误观念［以所谓进口次级链接为例的进一步探讨，参见 Jestaedt, Verfassungsverbund（前引脚注 122）］。关于反对"体系性教义主义"以及支持"体系思维之剩余意义"的观点，参见 Reinhold Zippelius, Recht und Gerechtigkeit in der offenen Gesellschaft, 2. Aufl. 1996, S. 402ff., 404f.

[244] 但只要它们包含着关于未来法的概念，它们就不再是——尽管出现在科学的专门术语中，但却——没有拘束力的法政策建议了。

法规则来证实的,因而是**可辩驳的**规则性假设。[245]教义体系的——稳定化功能和减负功能[246]会轻易陷入与实在法的"实质性割裂"[247]之间的冲突之中,[248]无论它采用的是消除矛盾的后果主义、屈从于固有理性的建构主义还是"演绎的论证模式"[249]。

法理论上的思考可以对此作出贡献,即能让法律(适用)科学家意识到教义体系设计的假设性、附属性和纯粹的工具性,且并非毫无反思地对科学后果论思维的吸引力让步。[250]在其意识形态批判的-怀疑论架构中,法理论具有重要的——在这个词的

---

[245] Klaus F. Röhl, Rechtslehre(前引脚注80),S. 80 以清晰的公开性将教义体系刻画为一个假象——其结果是:"允许在里面打架"。

[246] 对此可以以偏概全地参见 Rüthers, Rechtstheorie(前引脚注6),Rn. 322, 323f.

[247] 表述参见 Jabloner, Stufung(前引脚注237),S. 164.

[248] 能够引发自在和不受批评之体系化渴望之事,典型地可以一个法律科学之外的例子,即所谓正字法来说明:语言的固有理性嘲弄了它幼稚的后果主义。

[249] 表述参见 Möllers, Methoden(前引脚注29),§3 Rn. 36.

[250] 体系怀疑论在此没有被夸大。但只要教义学不满足于**不参与原本的意义上**的法律生产〔关于主流的相反的自我理解,有代表性的作品参见 Voßkuhle, Neue Verwaltungsrechtswissenschaft(前引脚注170),§1 Rn. 7〕,就存在着这样的危险,即首先在启发学上提出的教义学概念和观念突然提出了一种规定性的主张,尤其是主流教义学观念大多时候指的不是这样一些区分性特征,借助于它们描述-启发式的概念能从这样一些概念中被分割出来,后者拥有模态实体转化——即从描述性命题到(也在实在法的意义上)规定性命题的转变——的潜能。

双重意义上——消除欺骗的潜能。[251]

d）逻辑的界限

由此就得到了倒数第二个同样切中要害的关键
词：**反对逻辑的诱惑力**。在体系思维外，理性主义
的第二个支柱，即逻辑，同样遭受着相对主义怀疑
论的冲蚀。（在体系思维外）同样有义务服从于逻辑
的教义性科学不能误识，一种逻辑上的同等义务对
于法而言并不存在：当法不合逻辑甚至相互矛盾时，
法依然可以有效。[252]这完全是按照实在法而非按照
逻辑来回答的。如果能将严格服从于逻辑和真值诉
求的法律命题语句与属于法本身，仅仅服从于法的
固有法则的法律条文更清晰和更经常地区分开来，
法律科学在此就做得很好了。[253]

---

〔251〕 在此也适用罗兰·杜比肖尔（Roland Dubischar）的命题，即
法理论"过去和现在都产生于这样一种不信任，即法学的思考过于信赖
教义性的制定法，而法哲学的思考过于纯理论化"〔Roland Dubischar,
Rechstheorie（前引脚注80），S. 2.〕。

〔252〕 关于这一（双重）命题，即不仅实在法本身并不服从命题逻
辑规则，此外也不存在一种独立的法律逻辑〔一种适用于法律规范（而
不仅是法律命题语句!）的逻辑〕，进一步参见 Kelsen, Theorie der
Normen（前引脚注68），S. 166ff.，179ff.，203ff.，216ff.

〔253〕 关于法秩序之无矛盾性进一步的阐述参见最新的文献：
Bumke, Relative Rechtswidrigkeit（前引脚注231），S. 37ff. 及其他各处。

e) 反对教义学的自我授权

第五个也是最后一个关键词抓住了一个已经被表述过的[254]思想：**反对法教义学的自我授权**。法教义学——如同法律方法论一样——拥有助产术的功能。而助产术是一种也被称为苏格拉底方法的出生辅助技术。故而如同作为出生助手的助产士那样拥有一种（尽管十分重要，但最终只是）服务性的功能，法教义学相对于法律适用同样是这样。就如同当助产士主张，因为她对孩子的出生拥有份额（也即是参与了孩子的出生[255]），她就是孩子的母亲一样滑稽可笑，当法教义学主张不仅要描述和伴随法律制定，而且自己也要从事法律制定时，它就脱离了法教义学的角色。法教义学所主张的对法律生产的参与只是作为观察者的直接参与，相反，作为间接的——即通过原本法律创设者之作用的媒介的——参与则是一种作为建议者和动议提出者的参与。[256]无

---

〔254〕 参见前文 IV.3，第108页及以下。（但从内容推测，此处表述似有误，应为前文 IV.4，第115页以下。——译者注）

〔255〕 关于教义学（者）"参与"法律生产的主张，参见前文 IV.4，第115页及以下，尤其是脚注188。

〔256〕 法教义学应当更加直截了当地提出这一要求，即通过严格区分"描述性的"、与法律认知相关的教义学语句，与"规定性的"、与法律创设相关的教义学语句，为这两类语句拟定不同的方法，从而考虑到这些语句不同的固有理性。由此，多数时候被害羞地从法学中驱逐出来

论从哪个方面看，一种独立的、开出规范性方案的
调控性主张都无法得到证立。

f) 通过理论的理论祛魅

如果人们要为上述关键词寻找一个公分母，那
么就可以在这种思想中找到它：作为观察者理论的
法理论有能力来指明——完全是怀疑论相对主义意
义上的——作为参与者理论之教义学的界限。故而
理论（也包括有利于实践的理论）就通过（元）理
论被祛魅，并被指明了它的门槛。[257]恰恰是观察者
的视角使得法理论家有能力为了保护法实践去辨别
和标识出什么是法教义学的干涉：对法的固有理性
的侵害，或不那么主要地，对学科权能的篡夺。通过

的法政策学（对此参见前文脚注171）也会在法律**创设**教义学中找到一
个科学的位置（也可参见下文脚注260）。

〔257〕 故而正如马丁·克里勒将一种"批评性的监护功能"赋予指
涉实践的理论［Martin Kriele, *Rechtsgewinnung*（前引脚注23），S. 39］，
法理论也被证明相对于法律方法论和法教义学有一种"批评性的监护功
能"。一个相近的反对意见体现在尤维纳利斯（拉丁名为 *Decimus Iunius
Iuvenalis*）（生活于1—2世纪的古罗马诗人，作品常讽刺罗马社会的腐
化和人类的愚蠢。——译者注）的表达"谁来监护监护者？"之中。不
言而喻的是，法律（获取）理论的考量本身也需要法律（学）固有理性
的审查和拘束，因而并不能免于来自法律适用科学（"返回"）的批评。
之所以今日之阐述具有"片面性"，也是因为想努力指明法理论知识对
于法律适用本身，以及对于法律适用科学之益处的潜能。但不并因此就
否认其危险的潜能。

这种法理论的供应服务，法实践就有能力来抵御教义学的建构——后者（不少时候是以理论上饱和的优越姿态来呈现的）没有尊重实在法的特性——并以弗里德里希·席勒（Friedrich Schiller）借华伦斯坦（Wallenstein）*（他隐约预见到了被他的穷人劫持的情形）之口说出的那句话来对抗它们："如果思想并非如此该死地聪慧，人们就会试图诚心地称之为愚蠢的"。[258]

对于获得实在法授权的法律适用者而言，这种实在法不少时候恰恰只是在维持法律行动的可能性，而不是让人去相信有时过于信赖体系和固守体系的教义学，或者使人去相信。[259]相反，这当然也意味着，相比于呈递逻辑上虚假的强制性建构和思路中断的论证规则，法律上的选择（挑选）性决定不少时候保留了冗长和繁琐得多的证立方式。因而，即便法理论在法律获取的过程中能作为意识形态批

---

* 《华伦斯坦》是席勒创作的历史剧三部曲，其主人公的名字即是华伦斯坦。——译者注

[258] Friedrich Schiller, Wallenstein. Ein dramatisches Gedicht, Die Piccolomini, 2. Aufzug, Siebenter Auftritt. (当然没有被清晰地表达出来的) 丧失某门学科的恐惧（它以这种方式受到其主张的限制）不能被低估。出于这一理由，这种意愿就不大：让这里所建议的方法论与教义学的分离参与它们各自的法律认知和法律创设的成分。

[259] 人们在这里也可以称之为实在法的"创造性的储备"［赫尔弗里德·明科勒（Herfried Münkler）］，它们无法被教义学建构所耗费或者覆盖。

判和规则怀疑的过滤器起作用，这一过程也肯定不
会通过法理论的贡献变得"更简单"和"更舒适"。

　　一种将严格区分法之固有法则与法律（适用）
科学之固有法则提升为其计划的法理论范式，其独
特之处不仅在于相比于关于实践法学的主流理解，
（法律方法论和）法教义学命题的正当适用领域受到
了严重限制，而且传统上毋宁说被蔑视的、从法律
科学中被驱逐出的被称为"法政策学的"那些现象
仿佛又被恢复了名誉：每个法律创设行为都不是在
法律上预先确定的，而是内含着法政策要素的。但
法律创设不限于（无论是形式意义抑或实质意义上
的）制定法的层面，而是发生于法律具体化和个别
化的所有场合。法律适用科学必须同时对其自身的
学科背景予以考量，这不外乎意味着，它必须为一
种科学的法政策学 [260] 提出一套自己的、对法律创设

────────

〔260〕"科学的法政策学"固然不是一个十分幸运的新造词，但它
有助于这样的观念，即科学在此同样提出了本身要直接参与法律创设的
主张。但这里所指的并**不**是这个。不如说是由于缺乏更好的术语（例如
"法政治学"或"法律政治科学"会招致其他同样恰当的联想），所以这
里遵循了这种概念构造。"科学的法政策学"所指的法律（适用）科学
的那种分支，不涉及法律认知（解释），而涉及法律创设（更准确地说，
只涉及对法律创设的准备和评论）（就此而言，与"法律认知教义学"
相对的"法律创设教义学"或许是最恰当的）。在这一（分支）学
科——它由于其特殊的认知对象及其自己的认知方法要被从今日之法教
义学（即便未加反思，也规定要利用法律获取的两个要素，即法律认知
和狭义上的法律创设）中切割和解放出来——中，大量的定理、模型、论

145

之固有法则进行反思的方法论和教义学。

证和方法范式（它们迄今仍旧不加区分地被作为"法教义学的"出发
点）都可以找到它们在方法论上的恰当位置［这种"法律创设教义学"
的重要基石已由 Koch/Rüßmann（前引脚注 173），S. 346-375 在"超越
制定法拘束"这一标题之下奠定了］。由此可能就同样实现了方法清晰
性和方法真诚性这两个重要的益处。

Ⅵ. 二分式法律获取理论的"人类学"困境：
同一个人的多元角色

如果前文被理解为对一种基于多种二分法——只需举出一些：法的固有理性与法律科学的固有理性；将法律获取的过程分割为法的认知要素和法的创设要素；描述性语句与规定性语句之间的二选一；因果科学与规范科学的不同制度；观察者理论与参与者理论之间的紧张关系——之科学范式的辩护的话，那么就至少有理由来简要地指明那种人们能称之为基于二分法之法律获取理论的"人类学缺陷"或（更谨慎的说法是）"人类学困境"的独特性：

尽管不同的二分法可以各该被表达为一种角色的二分法，如法律解释者与法律制定者、法学家和法律适用者（法律实务工作者）、法教义学者和法理论家、法律认知教义学者与法律创设教义学者，但这些对立又互补的角色通常是由同一个人来承担的，也即是同时发生在**一个**人的身上：同一个人的多元角色。[261]在事的方面被区分开来的东西，在人的身上又聚集在一起了。这当然就不再是理论观念的问题，而是实践转化的问题了。相应地，也没有任何科学理论上的补救性范式能在这一点上提供帮助。操持"双重身份"会抛出（科学）伦理学的问题，它们要在智识的诚实性（用更古老的专门术语说：科学伦理）中去寻找答案。[262]

---

〔261〕 不言而喻的是，这些角色可以不同时发生，也即是体现在指涉同一个对象的**一个**行为之中。

〔262〕 关于解释者的伦理标准，具有引领性的文献参见 Isensee, Ethos（前引脚注36），S. 367（392f.），它特别援引了奥勒留斯·奥古斯都（Aurelius Augustinus）和托马斯·霍布斯的观点。

VII.服务于法实践的法理论：
基础研究的弯道效益

关于法理论思考之实践效用 [263] 的考量（虽然是片面和暂时的）在此要告一段落，并作一个简短的总结了。对此我们将努力从三个方面予以澄清：

首先，人们天生具有——如同马尔库阿尔德（Marquard）曾表述过的——"恐惧经验之纯粹先验主义者"的倾向，[264] 这并不是与法理论打交道的必要前提。更直接地说，人们不能将这种天性一并带入经验稀缺领域的理性论证之中。用更笨拙的方式说，法理

---

[263] 伴随着对**实践**效用之强调的，是服务于一种——就如汉斯-格奥尔格·伽达默尔曾以完全是批判性的语调表达出来的——"实用主义的整体视角"的前述评论。就此而言，这里的阐述同样要面对这样的谴责："即便是对理论的评估也被用于赞美实践"〔全部引文来自 Gadamer, Lob der Theorie（前引脚注 42），S. 38〕。因此要补充的是，法理论的效用自然无法仅仅根据它对于法律适用和法律适用科学的线人服务来评估。

[264] Odo Marquard, Skepsis als Philosophie der Endlichkeit（2001/ 2002），in：ders. , Individuum und Gewaltenteilung, 2004, S. 13（21）.

论可以是一种在法实践中十分严肃、富有成效的活动。

其次，相比于迄今为止花费更多的精力用于研究和拟定一种——对上述两种法律（学）固有法则予以考量的——法律获取理论，是一项既值得一试，又引人入胜的冒险事业。主要回报是预期可以对方法上不可调和的两种主张——即作为实践科学的法学与作为精神科学的法学——予以调和。

最后，理论对法律适用实践的效用并不是一种市场叫卖般的肤浅的效用，也不是显而易见的和直接的效用，它只显示出那种有意愿、有能力去穿透肤浅的东西，质疑习以为常的东西，公开袒露出惊讶的效用。这是——正如人们在今天的管理学德语中惯常所说的——基础研究典型的弯道效益，它显示在法理论对于法实践的间接效用之中。与其他基础研究一样，法理论也同样会不断对与适用相关的工作者产生减负的效果。顺便提一下，减负的一种形式通常是，当（学术）共同体"力挺"这一个或另一个基础研究者就足矣；此外，也没有必要所有其他人都来从事同样的基础研究。[265]

----

[265] 语言学对于语言，即对于它的语法指出，它属于"背景"现象，虽然或多或少为某人所"掌控"，但几乎无人觉察到，更别提对它的内在结构进行反思（引领性文献参见 Benjamin Lee Whorf, Language, Thougt, and Reality, 1956, 德语版：Sprache-Denken-W, 最新版 24. Aufl.

历史的价值何在？伴随着其怀疑论-相对主义的设计，法理论使得生活对于以教义学的方式来作业于法学来说变得更难了。我们也可以换一种说法：伴随着它潜在无政府主义的基本立场，法理论提醒以教义学的方式来作业于法学注意到理性可支配之事的界限，以此创设出一个必要的空间，以便与自我保持一定的距离。此外，无论是怀疑论还是（作为其补充的）幽默感都来源于同一种基本立场。[266]法理论家的干预活动（至少）应该通过一种温和的观点显现出这一点。

2003）。在其他条件不变的前提下，这也是对于法的获取结构和法律（获取）理论所指明的东西。

　　〔266〕　对此有启发意义的作品参见 Otto Depenheuer, "Der Staat ist um des Menschen willen da", Kölner Humor als QUelle staatsphilosophischer Erkenntnis, 2001, bes. S. 16-25.

图书在版编目（ＣＩＰ）数据

法理论有什么用/(德)马蒂亚斯·耶施泰特著；雷磊译.—北京：中国政法大学出版社，2017.11
ISBN 978-7-5620-7842-5

Ⅰ.①法… Ⅱ.①马… ②雷… Ⅲ.①法理学 Ⅳ.①D903

中国版本图书馆CIP数据核字(2017)第278272号

出　版　者	中国政法大学出版社
地　　　址	北京市海淀区西土城路 25 号
邮寄地址	北京 100088 信箱 8034 分箱　邮编 100088
网　　　址	http://www.cuplpress.com（网络实名：中国政法大学出版社）
电　　　话	010-58908289(编辑部) 58908334(邮购部)
承　　　印	固安华明印业有限公司
开　　　本	850mm×1168mm　1/32
印　　　张	5.25
字　　　数	90 千字
版　　　次	2017 年 11 月第 1 版
印　　　次	2017 年 11 月第 1 次印刷
定　　　价	30.00 元